LA CHUTE

DE

SATAN

PAR

AUGUSTE MAQUET

I

PARIS

L. DE POTTER, LIBRAIRE-ÉDITEUR

RUE SAINT-JACQUES, 38.

1854

LA CHUTE DE SATAN.

NOUVEAUTÉS EN LECTURE
Dans tous les cabinets littéraires.

L'Initié, par *H. de Balzac*, 2 vol. in-8.

Laurence de Montmeylian, par *Molé-Gentilhomme*, 5 vol. in-8.

Le Garde-Chasse, par *Élie Berthet*, 5 vol. in-8.

Le Beau Laurent, par *Paul Duplessis*, auteur des Boucaniers et de Montbars l'Exterminateur, 4 vol in-8.

La Chute de Satan, par *Auguste Maquet*, collaborateur d'*Alexandre Dumas*, auteur du Comte de Lavernie, etc., etc., 5 vol. in-8.

La Fille de l'Aveugle, par *Emmanuel Gonzalès*, 5 vol. in-8.

Rigobert le Rapin ou les Mystères de la Chine, par *Charles Deslys*, auteur de Mademoiselle Bouillabaisse, la Mère Rainette, etc., etc.; 5 vol. in-8.

Madame de la Chanterie, par *H. de Balzac*, 1 vol. in-8.

Le Guetteur de Cordouan, par *Paul Foucher*, 2 vol. in-8.

Mercédès, par *madame la comtesse Dash*, 5 vol. in-8.

La Chasse aux Cosaques, par *Gabriel Ferry*, auteur du Coureur des Bois, 4 vol. in-8.

Les Amours de Vénus, par *Xavier de Montepin*, 5 vol. in-8.

Le Comte de Lavernie, par *Auguste Maquet*, collaborateur d'*Alexandre Dumas*, 4 vol. in-8.

Montbars l'Exterminateur, par *Paul Duplessis*, auteur des Boucaniers, 5 vol. in-8.

Un Homme de Génie, par *madame la comtesse Dash*, 5 vol. in-8.

Le Garçon de Banque, par *Élie Berthet*, 2 vol. in-8.

Les Lorettes Vengées, par *Henry de Kock*, 5 vol. in-8.

Roquevert l'Arquebusier, par *Molé-Gentilhomme*, 4 vol. in-8.

Mademoiselle Bouillabaisse, par *Charles Deslys*, auteur de la Mère Rainette, la Dernière Grisette, 5 vol. in-8.

Le Chasseur d'Hommes, par *Emmanuel Gonzalès*, 2 vol. in-8.

L'Usurier sentimental, par *G. de la Landelle*, 5 vol. in-8.

L'Amour a la Campagne, par *Maximilien Perrin*, 5 vol. in-8.

La Mare d'Auteuil, par *Ch. Paul de Kock*, 6 vol. in-8.

Les Boucaniers, par *Paul Duplessis*, 5 vol. in-8.

La Place Royale, par *madame la comtesse Dash*, 5 vol. in-8.

La Marquise de Norville, par *Élie Berthet*, 5 vol. in-8.

Mademoiselle Lucifer, par *Xavier de Montepin*, 5 vol. in-8.

Les Orphelins, par *madame la comtesse Dash*, 5 vol. in-8.

La Princesse Pallianci, par *le baron de Bazancourt*, 5 vol. in-8.

Les Folies de Jeunesse, par *Maximilien Perrin*, 5 vol. in-8.

Livia, par *Paul de Musset*, 5 vol. in-8.

Bébé ou le Nain du roi de Pologne, par *Roger de Beauvoir*, 5 vol. in-8.

LA CHUTE DE SATAN,

PAR

Auguste MAQUET,

Suite du Comte de Lavernie.

I

Paris,
L. DE POTTER, LIBRAIRE-ÉDITEUR,
Rue Saint-Jacques, 38.

I

UN SOLEIL ET DEUX LIONS.

Pendant que Louvois, qui avait embrasé toute l'Europe pour se donner de l'importance et occuper son maître, travaillait avec l'énergie que nous lui avons vue, à ruiner par un coup d'Etat la confédération dont Guillaume III s'était déclaré le chef, ce prince arrivait paisiblement et sans défiance d'Angleterre en Hollande, son pays natal.

Paisiblement n'est peut-être pas tout-à-fait exact. Une violente tempête avait accueilli sa flotte sur les côtes, et le prince impatient d'aborder, s'était jeté presque seul dans une chaloupe, au risque de noyer mille fois César et sa fortune, mais enfin il avait abordé.

Guillaume avait alors quarante-et-un ans. Faible de tempérament, maladif, toussant parfois jusqu'à tomber en syncope, son corps vivait seulement par sa volonté, son visage par la flamme seule de son regard. Quand cette pâle figure, au nez aquilin, aux lèvres pincées, au menton ferme, aux pommettes osseuses apparaissait dans le calme plat de la vie : — voilà un moribond qui cherche le soleil, se disait le passant. Lorsque ce même visage se montrait dans la mêlée d'un combat, avec une auréole de feu et de fumée, le soldat s'écriait, en voyant son œil flamboyant, ses lèvres frémissantes, ses joues rougies par la fièvre : celui-là est un héros !

Ce grand capitaine, toujours battu par

la France, coûta à la France son sang le plus pur et toutes ses richesses ; sans lui, le roi ne se fût pas appelé peut-être Louis-le-Grand, mais à coup sûr on l'eût nommé Louis-le-Puissant et Louis-l'Heureux. Cependant le roi de France ne dut qu'à lui-même cet ennemi terrible ; son orgueil rencontra un égal et la lutte dura trente ans.

Louis XIV, au plus haut de ses prospérités, avait fait offrir en mariage au jeune prince d'Orange, mademoiselle de Blois, la première fille qu'il avait eue de mademoiselle de la Vallière. Guillaume répondit qu'il était fils de la fille de Charles Ier, c'est-à-dire d'une fille légitime de roi ; petit-fils de la fille légitime d'un électeur de Brandebourg, c'est-à-dire d'un prince régnant, et que par conséquent, dans sa famille, les princes avaient l'habitude d'épouser des princesses légitimes, et non des bâtardes.

Jamais Louis XIV ne lui pardonna cette réponse, et il était logique dans son ressentiment, lui qui fit épouser ses filles adultérines au duc d'Orléans, son neveu, et au petit-fils du grand Condé.

Quoi qu'il en soit, ce fut du roi de

France au prince d'Orange une haine que ce dernier essaya vainement d'éteindre par mille retours et soumissions. Puis, quand il eut tout mis en œuvre pour se réconcilier avec Louis XIV, sans y parvenir :

— Eh bien ! dit-il, je le forcerai de me donner son estime.

Et il tint cruellement parole.

Guillaume nommé stathouder des Provinces-Unies, épousa, au lieu d'une bâtarde, la fille du duc d'Yorck, qui régna depuis sous le nom de Jacques II; et comme Jacques II était devenu l'allié de Louis XIV par conformité de religion, Guillaume profita de la haine que l'Angleterre protestante avait conçue contre son roi papiste. Il aida les Anglais à détrôner son beau-père et comme il était petit-fils de Charles Ier, comme sa femme était fille du roi déchu, Guillaume se trouva en mesure de revendiquer à un double titre la couronne d'Angleterre. Il l'obtint par ses habiles négociations, la mérita par la victoire signalée qu'il remporta sur les papistes soutenus par la France à la journée de la Boyne; et fermement assis sur ce trône, appuyé sur la Hollande, qu'il continuait à gouverner avec le titre de stathouder, allié de l'Empereur, de l'Espagne, de la Suède et de la Savoie depuis la ligne d'Augsbourg, il put se flatter désormais d'être pour le roi de France un de ces ennemis avec lesquels on compte.

A partir de ce moment, Louvois, qui désirait tant faire la guerre, dut se trouver satisfait. Entre deux lions rugissants d'orgueil et d'ambition qui convoitent la même proie, il n'y a de paix possible que le jour où l'un d'eux est abattu mort aux pieds de l'autre.

C'est pendant le sommeil d'un de ces

lions que Louvois amena cent mille hommes sous les murs de Mons. Guillaume ne croyait pas que les Français eussent une armée prête, et lui-même n'en avait pas. Il venait de quitter Londres, laissant comme de coutume la régence à sa femme, et rentrait avec bonheur dans ses chères provinces hollandaises qui lui préparaient un triomphe, tandis qu'il ne leur demandait que les bois de sa belle maison de Loo et des sangliers bien méchants.

La Hollande était pour Guillaume, depuis son avénement au trône d'Angleterre, comme une de ces maisons de campagne que les Romains s'étaient bâties par-delà la mer. Il venait s'y reposer, se réjouir l'oreille du son de sa langue maternelle, il y trouvait des idées fraîches, et, comme en un bain fortifiant, il retrempait le roi constitutionnel des Trois Royaumes dans la république des Sept Provinces.

C'était là qu'on se régalait de menacer et d'insulter la France, c'était là qu'on imprimait des pamphlets et qu'on fabriquait des manifestes, c'était de là que les réformés, chassés de France, si cruellement et si impolitiquement par la révocation de l'édit de Nantes, rendaient à leur patrie un peu moins de mal qu'ils n'en avaient reçu, mais beaucoup plus que n'en autorise la religion chrétienne, fût-elle autant réformée que possible.

Guillaume, qui se prêtait complaisamment à toutes les familiarités de ses affectionnés Hollandais, ne leur laissait pourtant pas entamer Louis XIV autant qu'ils l'auraient désiré. Louis XIV était la bête terrible, Louvois la bête venimeuse des Hollandais. Guillaume leur abandonnait Louvois et détournait la conversation chaque fois qu'un courtisan essayait une flatterie aux dépens du roi de France. Générosité imitée d'ailleurs par Louis XIV qui jamais n'insultait qui que ce fût en paroles, et dont la haine ne descendait jamais à la taquinerie. S'il continuait d'appeler le nouveau roi d'Angleterre M. *d'Orange*, tandis qu'il appelait Jacques II *mon frère*, comme il donnait à ce prince une cour, des armées, des millions, tout enfin, en attendant qu'il lui rendit son trône, il payait assez cher le droit de l'appeler Majesté.

L'année précédente, à la bataille de la Boyne, Guillaume avait eu l'épaule effleurée par un boulet ; le bruit courut qu'il était mort. A Paris les badauds illuminèrent, firent des feux de joie et brûlèrent par les rues force mannequins d'osier qu'ils appelaient des princes d'Orange. En province on chanta des *Te Deum*.

Mais à Versailles le roi ne s'émut pas. Il n'eut pas un sourire, pas un mot qui marquât de la joie. Et cette dignité naturelle lui épargna le regret et le ridicule qu'éprouvèrent tous ces brouillons peureux quand, le lendemain, on apprit que le prince d'Orange se portait à merveille.

Ainsi donc les deux ennemis s'estimaient et se ménageaient l'un l'autre en attendant l'occasion de s'exterminer. Cette guerre grandissait au lieu de s'amoindrir par les questions de personnes.

Voilà pourquoi nous retrouverons Guillaume un peu sérieux, un peu guindé, parmi le fracas des réjouissances que la ville de la La Haye célébrait pour le retour de son stathouder bien-aimé. Guillaume eût bien préféré s'aller perdre dans les bois avec sa meute ; mais La Haye, en habits de fête, avait dressé des arcs de triomphe, La Haye avait fait des vers latins et néerlandais pour Guillaume et contre Louis XIV, La Haye enfin donnait le soir même au stathouder un spectacle après lequel venait un souper.

Certes nous ne dirons pas ce que fut le festin destiné à un roi anglais par la cuisine hollandaise. Ce serait une rude tâche, et l'ombre de Vatel nous écoute peut-être. Mais quant au spectacle, parlons-en ; la France y est pour quelque chose.

Le château royal de La Haye s'élève sur une magnifique pièce d'eau qu'on appelle le Vivier. Les fenêtres se mirent comme à Venise dans les flots sombres. Sur ces flots qui recèlent les plus beaux poissons du monde, un théâtre de 80 pieds carrés avait été bâti à la hâte ; il représentait quatre royaumes, un sur chaque face :

c'étaient l'Angleterre, l'Ecosse, l'Irlande, et, il faut bien le dire, la France, chimérique apanage que les souverains anglais tiennent à peindre sur leur blason, ne pouvant l'inscrire sur la carte.

Tandis que la foule admirait cet édifice et saluait de ses vivats Guillaume et sa cour installés en face du Vivier sur des gradins de velours, on vit paraître à droite et à gauche du lac deux lions énormes, l'anglais et le batave, qui semblaient marcher sur les flots. Au dessus d'eux, ou pour mieux dire entre eux, au fond du théâtre, apparut le soleil, un gigantesque soleil de bois avec une large et plate figure, hérissée, en guise de perruque d'une cinquantaine de rayons, que les patriotes artistes hollandais n'avaient qu'à regret couverts de papier doré.

A la vue du soleil, le public poussa une de ces huées sauvages que les hommes devraient laisser aux bêtes féroces lorsqu'elles sont de mauvaise humeur.

Guillaume, sur qui tous les yeux étaient fixés, comme pour lui demander s'il comprenait l'apologue, resta impassible, et rien ne révéla la joie de son cœur, qui tressaillait comme les autres d'orgueil et de courroux national.

Il s'agissait de voir lequel du lion batave ou du lion breton dévorait le soleil. Or, il n'était dans l'idée de personne, à La Haye, que ces lions et ce soleil fussent venus pour autre chose, ni que ce fût le soleil qui dévorât les lions. Cela se passe pourtant de la sorte en Afrique.

Mais n'oublions pas que nous sommes dans un théâtre, en plein Vivier, et que le soleil perd considérablement de sa force quand il est si près de l'eau et que ses rayons sont de bois et de papier doré.

Les lions ouvraient leur gueule menaçante, le soleil écarquillait ses gros yeux ovales, la lutte allait s'engager, les grondements populaires dénotaient l'émotion d'un intérêt poussé à son comble.

Mais tout-à-coup le soleil tournant sur ses rayons comme une roue sur ses rais se mit à lancer des flots de feu sur les lions, grâce à mille et mille fusées qui s'enflammaient les unes les autres.

Le peuple garda un silence équivoque, malgré la splendeur du spectacle. Il trouvait que le soleil avait trop d'ardeur, les lions trop de patience, et un grand nom-

bre de zélés crièrent : A l'eau, le soleil !
à l'eau !

Mais quelle revanche pour les lions !
Ce malheureux soleil tournait encore
avec ses maigres pétarades, lorsque les
deux quadrupèdes, s'enflammant à leur
tour, le bombardèrent avec tant de fusées, lui crachèrent tant de serpenteaux,
de bombes et de boîtes, qu'ils étouffèrent
son petit bruit dans leurs rugissements,
son feu dans leurs volcans déchaînés, et,
après l'avoir noyé de fumée, le forcèrent
à s'aller cacher dans les flots du Vivier,
où il fut englouti piteusement.

Alors, vingt gerbes d'étoiles lumineuses éclairèrent les faces pâles des cent mille spectateurs qui poussaient des hurlements de joie à déraciner le château et à le faire tomber dans le Vivier à côté du soleil de bois.

Puis, tous les yeux allèrent encore chercher une approbation ou même un remercîment sur le visage de Guillaume; et, de fait, ce feu, cette fumée, cette canonnade, ces tonnerres d'applaudissements, toute cette joie nationale, dont il était à la fois la cause et le but, tout cet enivrement l'avait bien un peu atteint lui-même. Guillaume, touché au cœur, s'inclina pour répondre à ses compatriotes et les remercier sincèrement : le démon de l'orgueil venait de régner sur lui pendant une seconde : Guillaume avait souri à l'allégorie du soleil noyé, lui, l'esprit sauvage qui renvoyait les chanteurs de louanges en leur disant : Coquins ! me prenez-vous pour le roi de France !

Au même instant l'un de ses capitaines familiers entra sous le dais de velours, s'approcha du roi Guillaume et lui dit à l'oreille :

— Sire, un français est en bas qui apporte, dit-il, une grande nouvelle.

Le roi, que tout le monde regardait encore, ne sourcilla point. Il ne tourna pas seulement vers le capitaine son visage austère et lui répondit à mi-voix :

— Quel français ?

—Une sorte d'espion, de transfuge, une figure hideuse, un homme écrasé par la fatigue.

— Ah ! d'où vient-il ?

Et le roi regardait toujours les autres feux d'artifice qui couronnaient la mort du soleil.

— De chez M. de Louvois, sire.

Guillaume tressaillit comme une harpe dont toutes les cordes sont frôlées par le vent.

— Dans la galerie! dit-il précipitamment.

Et, le capitaine parti, Guillaume se leva aux dernières fusées, salua le peuple en plaçant une main sur son cœur, puis sortit de la tente de velours avec les lords anglais et les nobles hollandais qui formaient sa suite.

Cette brillante assemblée traversa la galerie, au bout de laquelle, dans une salle immense toute resplendissante d'orfèvrerie, de cristaux et de cires parfumées, était le formidable festin dont nous avons juré de ne point décrire les homériques splendeurs,

L'œil des conviés saisit cette perspective dès les premiers pas qu'on fit dans la galerie. Guillaume, lui, ne regarda que dans l'ombre, à sa gauche, et apperçut appuyé, ou mieux, défaillant, près d'une colonne de marbre, un pauvre diable encore haletant, chauve, décharné, gardé à vue par deux pages, qui observaiant en ricanant ses moindres mouvements.

Guillaume avait tant vu d'ennemis en face qu'il se connaissait en haines.—Cette figure là ne lui fit soupçonner ni poignard ni poison, c'était la peur en justaucorps de ratine et en bottes crottées. Il y avait à travers toutes ces apparences repoussantes certain galbe de soldat qui attira tout d'abord le stathouder.

Sortant brusquement du groupe qui s'acheminait vers la salle du festin,—on avait dépassé l'homme appuyé à la colonne,

—Passez toujours, messieurs, dit-il, je vous suis.

Et tout droit, tout net, l'œil dilaté, la poitrine ouverte, il marcha vers cet homme.

— Tu es français? dit-il.

— Oui, sire.

— Tu viens de chez M. de Louvois?

— Oui.

— Tu es soldat?

— Homme d'épée.

— Tu t'appelles ?

— De La Goberge.

— Que me veux-tu ?

— Vous apporter une nouvelle.

Guillaume recula sans affectation d'un pas, l'œil attaché sur les mains inquiètes de son interlocuteur. Il venait de réfléchir que la bravoure est une belle chose, la générosité une noble vertu, mais que ces deux sublimités ne parent pas un coup de couteau, et que Henri IV, roi brave et généreux, Henri III roi généreux et brave, étaient morts tous deux pour n'avoir pas fait à propos ce raisonnement.

— Voyons ta nouvelle, demanda le roi.

— Mons est envahi, dit La Goberge avec la précision d'un Spartiate.

Guillaume frissonna.

— Te moques-tu ? dit-il... envahi... par qui ?

— Par nous ?

— Combien êtes-vous, vous? répliqua vivement Guillaume jouant avec les mots de La Goberge.

— Cent mille, dit celui-ci.

Guillaume, avec un sourire de pitié :

— Si tu veux te faire payer, reprit-il, donne nous-en pour notre argent; avoue que c'est Louvois qui t'adresse à moi pour troubler ma digestion, pour me faire mourir de peur... avoue cela, et je te donne le double de ce qu'il t'a promis; mais avoue vite, on m'attend pour souper.

La Goberge chancelant et l'œil vitreux :

—Sire, murmura-t-il, je suis plus pressé que vous, j'ai fait cent lieues, je meurs de fatigue et de faim. Je suis venu, chassé par mon maître, et menacé d'une prison éternelle.

—Nous avons un certain Zopyre qui en fit autant pour Darius, murmura ironiquement Guillaume ; seulement celui-là s'était fait couper le nez et les oreilles pour se donner un peu plus de créance ; il ne te manque qu'un œil, à toi. Ce n'est pas assez pour me prouver que Louvois, en six semaines et sans bruit, a composé une formidable armée : ce serait un tour de force.

— Vous devriez être accoutumé aux siens dit La Goberge, depuis celui qu'en 1672 vous a joué le facteur Brossmann.

— Brossmann ! s'écria Guillaume, ce facteur qui avait acheté toutes mes munitions.

— Précisément !

— Et c'était Louvois qui envoyait ce facteur Brossmann ?

— Louvois était Brossmann lui-même.

— Prouve-le donc!

— C'est moi qui l'accompagnais chez le marchand, à Rotterdam!

Guillaume se mordit les lèvres jusqu'au sang pour essayer de dissimuler toute l'émotion qu'éveilla en lui ce souvenir.

— Alors, tu es venu trahir ici ta patrie? dit-il à La Goberge.

— Non, pas ma patrie, mais Louvois.

— Et tu certifies... sur ta tête...

— Que Mons est envahi par une armée de cent mille hommes.

— Commandée par...

— Par le roi !...

En achevant ces mots qui allumèrent un feu dévorant dans chaque veine de Guillaume, La Goberge tomba épuisé, à genoux d'abord, puis renversé tout-à-fait sur la dalle.

Et au même instant, comme pour prouver tout ce que venait de dire le tranfuge, un cavalier du Hainaut entra, couvert de sueur et de fange, il apportait à Guillaume une lettre du prince de Bergues, gouverneur de Mons...

C'était le cinquième courrier expédié depuis l'arrivée des Français; mais Luxembourg et Boufflers en avaient intercepté quatre.

Guillaume pâlit, déchira la lettre et congédia le cavalier en lui commandant impérieusement le silence.

Il va sans dire que du bout de la galerie les lords et les nobles avec tous les officiers assemblés, regardaient cette double scène d'un œil aussi curieux que leur estomac était impatient.

Guillaume, ayant dompté l'hydre qui venait de le mordre au cœur :

— Messieurs, dit-il avec tranquillité, voilà un pauvre diable d'officier français qui passe à nous. Il meurt de faim, de froid, de fatigue. On paie mal, à ce qu'il me paraît, les bons services chez le Roi Très-Chrétien. Pages ! faites souper cet homme et qu'on le à part garde dans mon cabinet. Quant à nous, messeigneurs et messieurs, à table, s'il vous plaît, j'ai hâte de boire à votre santé.

Guillaume s'assura d'un coup d'œil que ses écuyers emmenaient La Goberge. Il prit place au festin, sous un dais de brocart d'or brodé de pierres précieuses : à sa droite le pensionnaire de La Haye, à sa gauche le comte de Monmouth ; et en s'asseyant, le sourire sur les lèvres, il attira à lui son grand écuyer Owerkerque, et lui dit à l'oreille sans cesser de regarder l'assemblée :

— Dans une heure, des chevaux, une escorte.

Le repas commença. Ce fut une suite de santés bruyantes à chacune des Provinces, puis aux sept ensemble, puis à l'Angleterre, puis à l'Ecosse, puis à l'Irlande, ensuite aux Trois-Royaumes; enfin à la ruine de ce fameux soleil qui luisait à Versailles; toast accueilli frénétiquement par toute l'assemblée, tandis que Guillaume, rentré en lui-même, mouillait à peine ses lèvres dans le vin et se disait :

— J'ai trop tôt applaudi quand ils ont noyé ce soleil dans le Vivier !... Il brille encore et brillera peut-être sur ma tombe.

Une toux sèche et douloureuse gronda

au fond de sa poitrine et lui déchira les poumons. Il étouffa le bruit et la douleur dans sa serviette à fleurs brodées, et pour mieux dissimuler encore il leva son verre.

Un triple hurrah couvrit le sifflement de sa toux et son imprécation de rage.

— Comment sauver Mons? pensait Guillaume ; Mons ! la clé des Flandres ! Je n'ai pas d'armée...... je n'ai pas d'argent... Oh ! mais j'ai une idée !

La joie des nobles convives, excitée par la belle humeur du prince, en était venue à égaler celle des spectateurs plébéïens du Vivier.

Owerkerque reparut et s'approcha de son maître comme pour lui verser du vin :

— Prêts, dit-il.

Guillaume l'attira de nouveau à lui.

— Pas de chevaux, dit-il, un bateau, des relais jusqu'à Rotterdam, et qu'on place le Français dans le fond de ma cabine.

Owerkerque sortit pour la seconde fois.

— Il me faut un conseil, il me faut quatre millions, pensa Guillaume, — je trouverai tout cela chez mon ami Van Graaft, puisque ce Français, envoyé par la Providence, a connu le facteur Brossmann.

II

LA MAISON DU BOOMPJES.

Après le souper, le bal: Guillaume profita du tumulte, prétexta sa fatigue, et, après avoir remercié le pensionnaire et les bourgmestres qui l'avaient conduit à son appartement, il sortit par une porte dérobée, et gagna le quai, s'appuyant sur son écuyer, parce qu'en effet il tombait de lassitude.

Un bateau léger, plat, assez long pour renfermer une jolie cabine, un entrepont et une cabine moins élégante, était amarré aux rampes de l'escalier de pierre. C'est le bateau qui sert encore aujourd'hui, en Hollande, pour la navigation sur les canaux. Il ressemble aux anciens coches de Paris à Auxerre; seulement, il ne peut tenir que vingt personnes et n'est chargé ni de bois ni de fer. Les bateaux particuliers sont plus petits et plus légers encore.

Au lieu d'un cheval pour traîner le coche le long des rives, l'écuyer en avait fait atteler deux. Un piqueur à cheval courait devant pour faire conserver la droite au bateau du roi et empêcher les chocs et les retards.

Guillaume, couché sur des coussins, une lampe au-dessus de sa tête, travailla toute la nuit sans secousse et sans fatigue. Le bateau glissait moëlleusement ; aucun bruit, aucun danger. Les chevaux qui trottaient sur le chemin de hallage étaient remplacés toutes les cinq lieues par un attelage frais. Maître La Goberge dormit dans la seconde cabine, malgré toutes ses préoccupations. Il n'était pas effrayé d'aller où allait le le roi ; et d'ailleurs tout avenir lui semblait rose auprès du sort que lui réservait Louvois.

On comprend facilement la fuite de La Goberge. Séron l'avait enfermé provisoirement dans une chambre des étages supérieurs du donjon; mais cette chambre tirait son jour d'une lucarne, et La Goberge, toujours défiant, avait voulu savoir pourquoi on le logeait si haut et si loin ; en conséquence il avait regardé comme fait toujours le chat qu'on enferme, et de cette lucarne il avait plongé sur la cour intérieure. Tout-à-coup il avait aperçu Jaspin, puis Gérard, puis Rubantel et tous les officiers. Il avait vu aussi Louvois sortir de chez le roi dans un accès de fureur, et l'instant d'après, effrayant prodige, il avait vu, de son œil vu, Belair aux blonds cheveux, embrasser Gérard et Jaspin.

Le plus sot comprend vite quand il s'agit de son intérêt ou de sa vie. La Goberge avait compris, d'après sa stupéfaction, quelle serait la rage de Louvois lorsqu'il apprendrait la résurrection de Belair. On peut se tromper quand on dit avoir écrasé un homme sous une pierre, mais on n'a pas le droit d'annoncer deux coups d'épée qui n'ont laissé aucune trace.

La Goberge connaissait Louvois. Nul homme ne supportait si peu la plaisanterie : toute mystification faite à Louvois aboutissait toujours à quelque échelle de potence ou à quelque porte de cabanon.

La Goberge n'hésita pas, et il eut raison. Déjà un huissier le venait chercher pour parler au ministre; la colère de Louvois allait choir tout entière sur le misérable. Dès que l'huissier eut signifié l'ordre au maître d'armes, celui-ci prit son chapeau, passa devant, et tandis que l'huissier se tournait pour fermer la porte, La Goberge le poussa dans la cellule, l'y enferma bel et bien, et descendit les degrés quatre à quatre.

Les valets qui l'avaient amené avec eux à Valenciennes lui avaient montré le chemin des écuries. La Goberge connaissait l'écuyer de Louvois et lui demanda un cheval comme cela était arrivé cent fois pour le service secret du ministre, et un quart-d'heure après il n'y avait plus de La Goberge.

Où aller? en France? Louvois l'eût rattrappé le jour même. Non, la frontière était à une lieue; le fugitif traversa les lignes du blocus, vit arrêter les estafettes du prince de Bergues, montra la passe signée Louvois qui lui servait en toutes ses expéditions, et voilà comment, de relais en relais, dépensant ce rouleau que lui avait si imprudemment donné le ministre, notre coquin réussit à gagner La Haye, quand partout les courriers de Mons avaient été faits prisonniers.

Maintenant il dort sur un tapis au fond de la cabine du bateau; à sa droite est le chien Pamphagus, un molosse qui rêve sanglier; à sa gauche est le valet de

chambre de Guillaume, qui rêve soleils
d'artifice, et La Goberge, lui, rêve les
saumons à la chair rose de Dordrecht ;
les florins d'or, moins jaunes que le vin
d'Espagne qu'on vend à la buvette de
l'Ours dans Keysers-straat, en un mot
toutes les délices inconnues au soldat
fidèle, et qu'un transfuge peut acheter si
bon marché, au prix d'une pauvre petite
trahison.

Cependant le bateau du roi d'Angleterre glissait toujours sur le canal : et
ce n'était plus la lune qui argentait les
égratignures de son sillage, l'aube mé-
lancolique et pâle mirait son blanc man

teau dans l'onde. Depuis longtemps déjà l'on avait dépassé Delt, et le jour était grand lorsqu'on passa devant le village d'Overschies, qui baigne dans l'eau ses maisons pittoresques.

Là, auprès d'un coq qui chante et d'un porc qui grogne, un marmot de cinq ans, trempant dans le canal une ficelle armée d'une épingle, pêchait fièrement des anguilles. Plus loin, les bœufs accroupis dans l'herbe haute, se levaient pour regarder courir les chevaux du coche; une belle jeune fille curieuse levait son rideau pour voir et être vue. Et Guillaume passait, enseveli dans ses couvertures, craignant de respirer cet air frais du matin, cet air adoré du pays natal.

Enfin le bateau s'arrêta près de la porte du Nord. Rotterdam apparaissait confusément au-delà dans le brouillard.

L'écuyer couvrit d'un manteau épais les épaules de son maître. Guillaume fit signe à ses valets de ne point déranger, mais de ne pas quitter le Français, et, cheminant côte à côte avec Owerkerque, il se dirigea vers la ville, traversa deux ou trois ponts, et s'arrêta enfin sur le Boompjes, belle promenade bordée d'arbres immenses, qui longe la Meuse.

Là s'élevait, plus cachée qu'autrefois, puisque les arbres avaient grandi, la maison de Van Graaft, toute bâtie en marbre et en granit, avec ses vastes fenêtres derrière lesquelles le passant émerveillé ne manquait pas de compter les lampes et les lustres d'or, les vases d'or et les statues d'or et d'argent, perchées sur des meubles massifs dont les entablements sculptés et reluisants leur servaient de piédestaux.

Toutes ces merveilles, à peine dissimulées par de grandes tapisseries formant rideaux, s'étalaient négligemment, le jour et la nuit, sans défense contre les voleurs qu'elles bravaient avec impudence depuis nombre d'années. Il n'était pas non plus défendu à l'œil des oisifs de contempler dans les dressoirs une insolente vaisselle d'or, plats gigantesques, buires longues comme des cigognes, vidrecomes bosselés, cafetières pansues, aiguières incrustées d'onyx et de sardoines gravées... Mais les voleurs ne songeaient pas à voler tant de richesses.

C'était comme le trésor de la ville. Rotterdam en était fière. Ce million employé comme nous venons de le dire était l'un des cinquante millions que le marchand Van Graaft avait gagnés dans son commerce, grâce aux bons canons hollandais qui avaient défendu ses navires, grâce aux bons ouvriers hollandais qui avaient débité bois, fer, cuivre et plomb pour charger ses navires.

En volant un plat d'or à Meynheer Van-Graaft, on eût commis un crime de lèse-Rotterdam.

Mais ce n'était point pour cette raison que le Crésus défendait si peu ses trésors. Van Graaft possédait cinquante millions; mais une idée le possédait. Tout cet or qui débordait chez lui de la cave aux combles, sa femme l'avait gagné en fondant sa maison de commerce, et Van-Graaft avait tué sa femme !

Nous savons combien elle était belle. Nous connaissons l'histoire douloureuse de cette intelligente et brave créature, que Van Graaft avait surprise après une année d'absence auprès du berceau d'un enfant de quelques mois. Nous l'avons vue expirante, sauver son enfant que menaçait la fureur jalouse de Van-Graaft : tout cela, enveloppé de mystère, était oublié ou plutôt inconnu à Rotterdam. Le vent chasse si vite la fumée d'un coup de pistolet ! la terre a si tôt bu le sang généreux d'une pauvre femme !

Rien ne survivait du légitime assassinat commis par le négociant, rien que cette idée qui le possédait, et cette idée était un remords.

Aussitôt qu'il eut frappé la coupable, il s'enfuit. Lorsqu'il revint dans sa maison, Eléonore était ensevelie, l'enfant avait disparu. Le stathouder Guillaume, pour qui Van Graaft en vingt rencontres avait dépensé son argent et sa vie, vint rendre visite à son ami qui lui montra le portrait d'Eléonore, son siége vide au coin de l'âtre, un pistolet pendu au mur, sans expliquer par une syllabe cette effrayante pantomime.

Guillaume inclina la tête comme pour dire qu'il comprenait. Il serra la main de Van Graaft, s'assit à la place vide, regarda pendant quelques minutes tourbillonner les étincelles dans le brasier, puis il sortit sans qu'il eût retenti dans la chambre un autre bruit que la respiration du meurtrier muet et le soupir du prince taciturne.

Depuis, bien des projets de guerre, bien des traités d'alliance, bien des batailles, bien des défaites empêchèrent Guillaume d'aller visiter son bon ami le marchand. Le prince d'Orange grandissait à force de luttes et de peines. Van

Graaft s'enrichissait sans sortir de son fauteuil. Sa maison avait été mise sur un tel pied par sa femme, que l'or, habitué à couler vers la maison du Boompjes, ne cessait d'y affluer. Pas un sac de florins n'entra chez Van Graaft sans lui rappeler cette femme : elle lui envoyait tous ces millions du fond de son tombeau.

Jamais aucune révélation ne lui avait fait connaitre la vérité : lui-même fuyait toute lumière à cet égard. Il savait qu'un étranger avait vécu assidûment près d'Éléonore pendant un mois. On lui avait nommé un riche facteur, ce Brossmann mystérieux qui figurait sur ses livres de commerce pour un paiement de six millions. Mais Brossmann avait disparu, et c'était en vain que Van Graaft le faisait chercher par toute l'Europe. Le fabuleux facteur n'était connu d'aucune maison respectable. Dans les comptoirs d'Afrique, aux Indes, en Chine, nul n'avait trouvé trace de Brossmann, et cette chimère grossissant tous les jours dans le cerveau du malheureux Hollandais, Brossmann était devenu sa monomanie.

La première fois qu'il revit Guillaume, c'était après la bataille de Sénef. Van Graaft, au lieu de consoler son ami si bien battu par le prince de Condé, lui demanda de s'informer si parmi les morts on ne trouvait pas le nom d'un certain Brossmann.

Guillaume voulut savoir à quel propos on lui adressait cette question. Van Graaft conta ses idées noires. Et le prince d'Orange fut attendri de voir une si grande passion aboutir à une telle folie.

A la ligue d'Augsbourg, Van Graaft se fâcha contre son ami.

— Guillaume, lui dit-il, vous allez me fermer toute la France, et je n'y pourrai pas chercher ce Brossmann.

Quand le prince d'Orange fut élu roi d'Angleterre, parmi toutes les lettres de félicitations et d'hommages qu'il reçut à Londres, un paquet carré d'une grosse écriture frappa sa vue et lui apporta comme un parfum néerlendais, une vapeur de Meuse chère à son souvenir.

C'était une lettre de Van Graaft. Sans doute l'ami du Boompjes adressait comme les autres son tribut affectueux au stathouder devenu roi.

« Guillaume, écrivait Van Graaft, à présent que vous avez l'Angleterre, l'Ecosse et l'Irlande — la France en est, je crois — cherchez-moi, je vous prie, un sieur Brossmann, facteur et négociant. »

Mais cette idée obstinée, cet épouvantable supplice s'était depuis quelque temps compliqué d'une autre torture. van Graaft songeait à l'enfant que sa femme avait abandonné en mourant. Cet enfant était peut-être mort de faim ou de froid. De faim !... quand il y avait cinquante millions en or dans la cave de sa mère, cinquante millions gagnés par le travail de sa mère, pauvre enfant innocent !...

Et alors, Van Graaft appliquait son vi-

sage sur les vitres, il regardait sur le
Boompjes, et les paysans voyaient cette
figure étrange apparaître au milieu des
potiches et des statues d'or comme la tête
immobile et fatale d'une divinité japo-
naise. On le saluait, on lui souriait et il
ne répondait pas.

Que regardait-il ainsi durant des heures entières? Ses bateaux qu'on déchar-
geait presque à sa porte? Les chariots
pleins de sacs et de lingots qui arrivaient
dans sa cour escortés par un garde de la
marine? Non ; il regardait les enfants qui
jouaient le long des arbres avec les ro-
gnures tombées de ses ballots, et il se

demandait si l'enfant d'Éléonore n'allait pas lui apparaître, pâle et pleurant, pour lui demander la charité.

Telle avait été la vie de cet heureux, de ce riche, de ce roi des marchands. Dieu lui avait donné la santé. Grand, large et fort, il faisait plier un cheval sous son poids; sa raison étonnait ceux qui connaissaient sa folie. Sa folie stupéfiait ceux qui tous les jours avaient recours à sa raison. Rotterdam n'aurait jamais eu de juge de commerce plus clairvoyant et plus instruit; mais il ne voulait d'autre siége que le sien, dans la crainte de n'avoir plus en face le fauteuil vide d'Éléonore et le portrait, et le pistolet pendus à la muraille, qu'il ne quittait pas d'un instant.

Guillaume connaissait bien cet homme et l'aimait. Van Graaft le traitait si peu en roi ! excepté lorsqu'il s'agissait d'un prêt ou d'une fourniture. Quelle que fût l'heure de son arrivée, Van Graaft le recevait comme s'il l'avait quitté la veille, et reprenait la conversation de l'an ou des ans passés.

Il venait de se lever et congédiait son valet, quand Guillaume entra dans sa chambre, laissant Owerkerke dans la grande salle.

— Bonjour, ami Van Graaft, dit le roi en tendant sa main.

— C'est le roi Guillaume, répliqua lentement et sans manifester la moindre surprise le grave Hollandais qui serra cette main dans les siennes. Asseyez-vous, Guillaume, vous êtes le bien-venu dans la province.

— Je n'ai pas voulu passer si près de Rotterdam sans vous visiter, maître Van Graaft, vous avez bon visage, il me semble.

— Et vous, mauvais, Guillaume, dit

le marchand, vous ne vous soignez pas, — l'air de la Tamise est mauvais pour la toux.

— Il faut vouloir ce qu'on ne peut empêcher, maître. Si l'on pouvait être roi d'Angleterre et habiter à La Haye ou à Rotterdam, je le préférerais ; mais, je le répète, vous êtes bien portant, je m'en réjouis.

Le marchand tourna le dos sans façon à son royal visiteur et colla sa face aux vitres. Guillaume s'allongea sur son fauteuil sans paraître y faire attention.

— Il y a de beaux enfants, dit-on, en

Angleterre, reprit Van Graaft, en revenant.

— Fort beaux, mais ceux de notre pays les valent, dit le roi.

Et pour couper court à cet ordre d'idées qui le gênait, Guillaume reprit :

— Van Graaft, je suis venu vous consulter sur une chose.

— Ah! ah! quelle chose?

Et Van Graaft s'assit.

— Je vais être forcé de recommencer la guerre en Flandre.

— Mauvaise affaire. Vous périrez par la guerre. On dit que vous êtes un grand général, j'en suis sûr, moi, car vous avez le génie patient et destructeur; cependant vous êtes toujours battu.

— L'homme donne la bataille, Dieu donne la victoire, répartit flegmatiquement Guillaume.

— C'est vrai; mais si vous étiez en paix, Dieu ne donnerait pas la victoire à d'autres.

— Je fais de mon mieux, cependant, dit Guillaume, et l'an passé j'ai réussi.

Il faisait allusion à la bataille de la Boyne, une grande journée, son triomphe.

— Ah! dit Van Graaft du ton d'un homme à qui l'on apprend quelque chose qu'il ignore; eh bien, tant mieux... Dites-moi, Guillaume, avez-vous tué quelqu'un dans le combat?

— Mais, peut-être, répliqua Guillaume.

— Ah! vous n'en êtes pas sûr! vous

ne savez pas! Vous êtes bien heureux, vous!

— Mon ami, dit Guillaume, j'ai dû avoir ce malheur comme presque tous les gens de guerre.

— Oh! continua Van Graaft en souriant, ce sont des hommes que tuent les gens de guerre, des hommes armés qui se défendent... ce n'est pas comme lorsqu'on tue des femmes... des enfants.

Guillaume sentit le retour de la folie.

— J'ai donc la guerre en perspective,

interrompit-il vivement, une rude guerre que me fait la France.

— Je vous ai dit souvent que vous avez tort, Guillaume, d'entretenir la guerre avec la France. On sait pourquoi vous haissez les Français vous avez tort, ce sont de bonnes gens.

— Leur prince est mauvais, répartit Guillaume.

— Eh! Guillaume, y a-t-il un bon prince quelque part? dit naïvement le républicain millionnaire. Croyez-moi, signez vîte une longue paix avec les Français, et mettez-y seulement des conditions.

— Lesquelles ?

— La première, c'est qu'on me retrouvera un certain Brossmann...

— Fort bien. Après ?

— La seconde, c'est qu'on pendra le seul vrai coquin qu'il y ait en France, le seul auteur de tous les maux que souffre l'Europe, votre seul ennemi, Guillaume, car, après tout, il n'est pas le mien. Depuis qu'il nous fait la guerre, je vends pour douze millions de salpêtre et de fer chaque année, au bénéfice d'un cinquième... Et cependant, autrefois, il m'est arrivé en un seul mois de vendre pour six millions à un seul facteur... du temps de ma femme... ce facteur s'appelait Brossmann. Avez-vous bien souvenir de ma femme, roi Guillaume? comme elle était belle... Vous ne croirez pas une chose, c'est que je voudrais avoir le portrait de son enfant. A présent qu'elle est morte, je n'ai plus de haine. Vous comprenez cela, seigneur?

Et Van Graaft se leva de son fauteuil

en suffoquant, et marcha de la fenêtre à la porte jusqu'à ce que le démon du remords eût passé loin de sa tête en faisant siffler ses vipères et ses noires ailes.

Guillaume résigné attendit. Van Graaft revint.

— Je disais donc, reprit-il, que vous ferez la paix avec l'Europe, à la condition de faire écarteler Louvois.

— Nous verrons plus tard, dit Guillaume, dont le pâle visage s'illumina d'un fugitif sourire. En attendant, ce Louvois nous a jeté cent mille hommes sur Mons, et je pars pour combattre ces cent mille hommes.

L'effort qu'il fit pour en dire si long réveilla sa toux dans sa poitrine.

— Avec quoi? demanda tranquillement Van Graaft. Vous nous faites tuer beaucoup de Hollandais, Guillaume.

— Je n'ai pas d'armée en ce moment, c'est vrai.

— Oh! les Français ont beaucoup plus d'enfants que nous, soupira le marchand.

— J'ai dix mille Anglais, mais épars, se hâta de dire Guillaume, et, avec de l'argent, j'enrôlerai dans la Frise, j'achèterai des munitions. Je mettrai quinze jours à tout cela. Mons tiendra bien un mois.

— Oui, mais vous n'avez pas d'argent : vous coûtez gros aux Sept-Provinces.

— Je paie en gloire, mon maître, et en liberté !

— Oh ! c'est vrai, murmura Van Graaft, vous êtes un solide appui pour la Hollande. Enfin, vous venez m'emprunter de l'argent, Guillaume, je vois cela.

— Quatre millions.

— Je ne vous les donnerai pas; demandez-les à votre parlement d'Angleterre; ces gens-là sont trop riches, faites-les dégorger. Moi je ne donnerai plus d'argent que pour la paix, Brossmann, et la mort de Louvois...

— Eh bien! s'il en est ainsi, répartit le roi en s'accommodant avec un merveilleux sang-froid à la folie de cet homme, nous allons essayer de vous satisfaire.

Et en disant ces mots, il souffla dans un sifflet d'or pendu à son cou.

On entendit se fermer la porte qui donnait sur le Boompjes, et un bruit de pas rapides retentit dans l'escalier.

Owerkerke parut à l'entrée de la chambre.

— Le Français est là, dit-il.

— Quel Français? demanda Van Graaft.

— Vous allez voir, répliqua le roi.

La Goberge entra, effaré, ébloui par tout l'or qu'il avait vu dans cette maison

— Vous comprenez le français, je crois? dit Guillaume à l'oreille de Van Graaft; eh bien! écoutez, je vous prie... La Goberge, te reconnais-tu ici?

— Oh! oui, sire.

— Où sommes-nous?

— Dans la maison de Van Graaft.

— Dis-moi quel est ce portrait.

— Celui de madame.

— A quel étage était logé ton maître?

— Au rez-de-chaussée, en bas, près du salon.

— Va me chercher un verre d'eau dans sa chambre.

— A l'instant, sire.

Van Graaft, stupéfait, s'était levé pour voir de plus près cet homme qu'il soupçonnait d'être quelque automate merveilleux.

— De quelle chambre voulez-vous parler, et de quel maître? dit-il au roi.

— Du maître que servait cet homme en 1672 ; de la chambre qu'occupait ici, à cette époque, le facteur Brossmann.

Van Graaft poussa un cri terrible et s'élança vers La Goberge, qui revenait avec l'aiguière et le gobelet.

— Tu as servi le facteur Brossmann ? dit-il d'une voix sourde.

— Réponds ! commanda le roi, qui vit hésiter La Goberge comme s'il craignait d'être tombé dans un piége.

— Oui, monsieur.

— Tu sais où il est alors? tu vas me le dire.

Le maître d'armes interrogea le roi d'un regard suppliant.

— Réponds! dit encore Guillaume.

— Il est à Mons.

— J'y vais! s'écria le marchand.

— Attendez, mon ami, dit flegmatiquement Guillaume; vous feriez peut-être un voyage inutile.

— Pourquoi ?

— Parce que, depuis si longtemps, il est possible que cet homme ne s'appelle plus Brossmann.

— Comment donc s'appellerait-il, sire ?

— Réponds ! dit Guillaume à La Goberge.

— Il s'appelle le marquis de Louvois, répliqua le maître d'armes, tout épouvanté de l'effet qu'avaient produit sa présence et ses paroles.

A l'instant même le visage de Van Graaft changea comme s'il eût quitté un masque : ces yeux égarés devinrent fixes, ce teint apoplectique devint pâle.

— Sire, dit-il, vous êtes un grand prince et un grand esprit. Vous venez de me faire comprendre pourquoi je ne trouvais pas cet homme, et vous avez chassé de mon cerveau le fantôme qui l'obsédait.... Va-t-en, Français, et prends pour te payer le premier vase d'or que tu rencontreras sur ton passage.

La Goberge se précipita, radieux, hors de la chambre.

—Guillaume, continua Van Graaft, vous ne me demandiez pas assez pour faire la guerre à Louvois. Nous sommes deux maintenant : je vais vous donner huit millions. Votre Majesté part probablement pour Mons?

— Sur-le-champ, mon allié.

— Et moi aussi. Oui, l'alliance est faite : la maison de Nassau et la maison Van Graaft; le génie et la haine, le fer et l'or!

— Partons, dit Guillaume après avoir vidé son verre.

III

L'ABBAYE DE SAINT-GHISLAIN.

Louvois avait porté sur les opérations du siége toute sa rage mal assouvie en des escarmouches particulières.

A côté de ce génie ardent travaillait un

génie patient et infatigable : Vauban numérotait les pierres de la citadelle pour les démolir une à une.

Quand l'armée assiégeante eut occupé ses lignes et que le roi avec son frère et son neveu eurent vaillamment reconnu la place en plein jour, à portée du mousquet, la circonvallation terminée, la tranchée s'ouvrit vers la porte Bertaimont et fut poussée avec tant de rapidité qu'en une nuit, les travailleurs avancèrent de douze cents toises. Or on avait ouvert deux tranchées, comme si l'on voulait faire simultanément deux attaques; et les terrassiers des deux ouvrages, rivalisant de zèle, arrivèrent les uns et les autres au même point : il y eut donc deux mille quatre cents toises de tranchées faites en huit heures, sans compter les galeries de communication entre les deux ouvrages.

Le roi passa cette première nuit à regarder les travaux. Louvois distribuait des éloges et des épigrammes. Il semblait, quand on le voyait aller de la tranchée Bertaimont à l'autre, brandissant sa canne et frappant du pied le sol ébranlé par les pioches, il semblait qu'il eût voulu dévorer toute la terre qui le séparait d'un duel corps à corps avec la ville.

Les batteries françaises se construisaient. Cependant Mons n'avait pas encore tiré un coup de mousquet, elle semblait prêter l'oreille dans l'ombre et attendre une égratignure à sa chair, comme si les travailleurs français n'eussent encore fait que chatouiller son épiderme.

Mais au point du jour, alors que l'œil put distinguer les silhouettes mobiles des pionniers et des ingénieurs qui se relayaient par escouades, un tonnerre d'explosions se fit entendre sur la gauche de la tranchée de Bertaimont, et cinq à six mineurs chancelèrent et roulèrent avec leur pelle, arrosant la terre du premier sang français que ce siége eut vu répandre.

On aperçut alors le moulin d'Hion, tout candide et tout inoffensif la veille, qui, pendant que les Français cheminaient avec la tranchée, s'était empli de chasseurs du Hainaut, excellens tireurs.

Ceux-ci, profitant de la nuit, s'étaient coulés jusque-là pour observer, et la tranchée, si incroyablement avancée, les avait surpris, enfermés, mais dans une position tellement avantageuse, que, du haut de ce moulin, ils plongeaient parallèlement dans le passage des travailleurs et les visaient à coup sûr.

La première pièce française ouvrit alors son feu sur le moulin, et, à partir de ce moment, l'air n'eut plus une minute de tranquillité.

Louvois revint en se frottant les mains au quartier du roi, à l'abbaye de Bethléem ; la ville tirait de toutes parts sur les batteries assiégeantes, et le camp français se couronnait d'un nuage de fumée qui devait lui servir d'auréole jusqu'à la fin du siége.

Ce fut alors que disparurent les curieux

et les curieuses, et les gens de cour désintéressés qui ne voulaient rien avoir à démêler avec les projectiles.

Ce fut alors que parurent les vivandiers, les traînards et les paysans, dont l'industrie était d'aller ramasser ou déterrer les boulets ennemis qu'ils venaient vendre aux postes français.

Aux premiers coups de canon, le roi fit ses adieux à madame de Maintenon, qui n'attendait que ce sanglant signal pour prendre congé.

Le roi voulait que la marquise allât demeurer à Valenciennes.

— Il serait possible, dit-il, que les ennemis fissent une ou deux armées pour inquiéter la mienne. Je ne voudrais pas que vous eussiez l'embarras de vous trouver entre les boulets d'un siége et ceux d'une bataille. Dans une bonne ville, vous serez à l'abri de toute insulte et de toute inquiétude.

— Puis-je avoir en ce moment d'autres inquiétudes que celles que vous me donnez, repartit la marquise. Je veux, au contraire, être à portée d'avoir des nouvelles de Votre Majesté, et comme je suis quelque peu capitaine, à force d'avoir fréquenté le premier homme de guerre de ce temps-ci, j'ai choisi pour moi un quartier-général.

Le roi salua sans s'étonner du compliment.

— Où cela ? dit-il.

— A St-Ghislain.

— Mais c'est démantelé, c'est un village sans fossés.

— Il y a une abbaye fort bien bâtie et des plus calmes — au milieu d'un bois ;

puis la petite rivière de Haisne tourne autour. Voyez-la d'ici, sire, c'est à deux lieues, la route est tracée par vos troupes; regardez comme les arbres bourgeonnent et cachent déjà les pignons aigus des bâtiments de l'abbaye.

— Mais objecta le roi, Saint-Ghislain est un couvent d'hommes de ce pays, allez-vous donc vous placer chez nos ennemis ?

— Non, sire, repartit la marquise, le couvent dont je vous parle n'est pas à St-Ghislain même, il est dans les bois. Les Clarisses de ce couvent, que j'appelle toujours St-Ghislain, ont déménagé à l'approche de nos troupes. Elles sont allées à Bruxelles, tandis que M. de Louvois a eu l'heureuse idée de mettre provisoirement à leur place, dans ce couvent, les Augustines qui s'étaient si fort épouvantées à Valenciennes.

— Fort bien. Serez-vous logée convenablement, madame?

— A merveille! sire, à ce que m'ont dit déjà mes éclaireurs.

— Ah! vous avez des éclaireurs, marquise...

— Nécessairement, sire, puisque j'ai un quartier-général.

— C'est juste. Eh bien ! madame, veillez avec soin sur vous, dit le roi avec émotion, vous êtes mon espoir le plus cher.

— Et vous, sire, répliqua la marquise d'une voix troublée, veillez sur votre personne et ne vous exposez point en jeune homme, comme avant-hier pour la reconnaissance de cette place... Vous êtes l'unique espoir de la patrie et de la religion. Quant à moi que tout le monde redoute ou jalouse, si je vous perdais...

Un enrouement pareil à un sanglot éteignit les derniers mots de la marquise. Le roi fort attendri lui prit les mains, qu'il serra vivement dans les siennes.

Et ces adieux qui eussent peut-être fait rire un pamphlétaire, ne manquaient ni de grandeur ni d'intérêt. Elle était touchante et noble l'amitié de ces deux époux. Il y avait l'étoffe d'un grand homme dans ce grand roi. Et dans cette femme, n'y avait-il pas plus que l'étoffe d'une reine?

Au moment de se quitter, lorsque déjà la marquise était dans la chaise à porteurs, on vit passer sur des civières les premiers blessés que Vauban faisait porter à l'hôpital.

Elle pâlit, ses yeux s'emplirent de larmes et attirant doucement à elle le roi qui envoyait une poignée d'or à ces malheureux :

— A quel corps appartiennent ces pauvres victimes ? demanda-t-elle.

— Grenadiers, pionniers, répliqua le roi.

— L'infanterie seule est engagée, je

crois, dans les tranchées, n'est-ce pas, sire ?

—Oui, madame, pourquoi ?

—Pour rien, sire... En quelle occasion emploie-t-on la cavalerie, alors ?

—Oh ! toujours. Comme il est rare que dans un siége il y ait combat en campagne, si ce n'est pour repousser des sorties ou écarter des renforts qui arriveraient, la cavalerie met pied à terre et combat comme les fantassins... Vous intéressez-vous à quelque cavalier ?

—Oubliez-vous que M. le duc du Maine

commande la cavalerie? dit vivement la marquise.

— Soyez tranquille, madame, dit le roi avec un sourire, nous ménagerons votre élève : c'est notre intérêt.

La marquise soupira et rentra dans sa chaise. Le roi fit signe aux porteurs de se mettre en marche. Mais ils durent rester sur place, pour laisser passer un gros de cavaliers rouges, qui revenaient au bruit du canon.

— Vous ne me demanderez pas qui

sont ceux-ci, madame, dit le roi, vous les connaissez.

— Les chevau-légers, je crois, répliqua-t-elle en rougissant légèrement.

— Qui reviennent du fourrage et que le canon attire... Pauvres enfants, dit le roi avec mélancolie, n'y courez-pas, au canon, il vous joindra un jour ou l'autre.

La marquise cacha son visage sous ses coiffes : elle venait de reconnaître Gérard parmi les brillants gentilshommes à qui le roi promettait ce lugubre destin,

Gérard, pour qui elle s'inquiétait au moment même où le roi venait de parler.

Il était si beau, si droit, il saluait avec une grâce si douce et si fine, son cheval noir l'emportait si vite ! Elle soupira et sa chaise partit pour St-Ghislain.

Peut-être devinera-t-on pourquoi la marquise avait choisi le séjour de cette abbaye. Depuis que Jaspin lui avait parlé à Valenciennes, madame de Maintenon s'étonnait de l'état bizarre de son âme. Jamais cet esprit vaste n'avait manqué d'embrasser tout son horizon. Dans les circonstances difficiles, elle pouvait à bon droit revendiquer le coup d'œil du grand capitaine ; nulle perspective ne lui échappait. Aux premiers mots de Jaspin, elle avait senti l'immense échec porté à son avenir par cette résurrection menaçante d'un passé qu'elle avait le droit de croire enseveli. L'abbé, malgré sa douceur et sa réserve, lui avait paru un ennemi terrible, un tyran. Gérard, malgré son ignorance et son désintéressement, l'épouvantait comme un écueil contre lequel devait se briser son étonnante fortune. Depuis toutes ces révélations, la marquise n'avait pas dormi ; elle se sentait soupçonnée par Louvois, tenue par Jaspin, gênée par Gérard ; et pourtant, malgré sa prudence et sa perspicacité, un sentiment inconnu, incompréhensible, s'était glissé dans son âme et montait jusqu'à son cerveau qu'il troublait. C'était une confiance plus forte que le danger, une indifférence pour le monde plus forte que l'ambition ; c'était la joie ineffable d'avoir à nourir au plus profond de ses entrailles une tendresse que nul ne savait, et qui n'était ni une trahison envers quelqu'un, ni une offense envers Dieu, comme sont la plupart des affections cachées de ce monde ; c'était aussi le réveil d'une âme qui s'était crue morte, parce qu'elle avait tué autour d'elle tout sentiment terrestre. Trop âgée pour l'amour, trop noble pour l'avarice, trop supérieure pour l'orgueil, elle exagérait la dévotion autant pour se faire pardonner de Dieu son ambition, le seul péché qu'elle daignât commettre, que pour se consoler des revers qu'essuierait cette ambition. Et voilà que tout-à-coup cette âme desséchée se sentait fleurir mystérieusement un cœur.

Cependant, nous l'avons dit, la marquise ne dormait plus, était-ce seulement par crainte? Non; l'œil de l'aigle ne se trompe point. Il discerne le milan de la colombe. Jaspin n'était pas un confident dont l'infidélité fût à craindre. Jaspin avait porté trente ans son secret, et sans le danger qui avait menacé la vie de Gérard, Jaspin l'eût emporté ce secret dans le pauvre petit tombeau qui l'attendait à Lavernie. Il n'eût rien révélé même à la marquise pour faire avoir à son protégé un de ces hochets qu'on appelle grade, charge ou pension. Et puis, Jaspin disait avoir tout appris de la comtesse au lit de la mort, il était prêtre et madame de Maintenon croyait au secret de la confession. On voit donc que si elle avait perdu le sommeil depuis la révélation de Jaspin, c'est que le bonheur d'aimer quelque chose empêche aussi bien de dormir que le malheur de redouter quelqu'un.

La marquise avait eu un double but en

choisissant pour quartier général l'abbaye de Saint-Ghislain : connaître cette intéressante jeune fille dont Jaspin lui avait raconté l'histoire, l'arracher à Louvois, qu'elle soupçonnait seulement de la poursuivre d'un amour criminel, et convaincre ainsi son ennemi d'une mauvaise action en faisant une action agréable au Seigneur.

Car il faut bien le dire, la tactique de Louvois avait réussi. Nul n'avait pénétré la naissance d'Antoinette. La Goberge lui-même l'ignorait; il pouvait croire à une recrudescence de jeunesse chez cet homme austère. Ceux-là se cachent avec bien plus de soin que les autres, puisqu'ils ont besoin de paraître vertueux, tandis que les mondains cherchent seulement à cacher leurs vices. Comment madame de Maintenon eût-elle deviné le motif des persécutions de Louvois et pourquoi, les connaissant, se fût-elle refusé la joie de les divulguer en temps opportun? Est-ce si peu de chose qu'une revanche bien prise? et puisque la vengeance est un morceau de roi, madame de Maintenon n'était-elle pas reine?

On verra peut-être aussi que la marquise, en se rapprochant d'Antoinette, n'espérait pas seulement déplaire à Louvois. Il y avait désormais place en cette grande âme pour des sentiments plus humains.

Elle arriva pensive au monastère. Toute la campagne qu'elle avait traversée lui avait offert un navrant spectacle. Les marais, débordés par suite de la rupture des digues, les bois coupés pour que le canon ne trouvât pas d'obstacles, les paysans en pleurs, les cavaliers rôdant et pillant, les loups à figure d'homme cherchant pâture et dévorant les faibles, telles furent les lugubres images que laissa derrière elle la marquise, en passant sous la voûte profonde qui servait d'entrée au couvent de Saint-Ghislain.

Nous avons dit que partout, en France, les supérieures de congrégations adoraient madame de Maintenon comme leur chef suprême : c'est dire la réception qui lui fut faite à Saint-Ghislain. Tout ce que le couvent put offrir de ressources pour distraire et choyer une si noble hôtesse fut mis en usage par les Augustines. La belle vue des bois, l'appartement tapissé, les musiques sacrées, la société des plus savantes et des plus sages furent les récréations du premier jour de retraite. Après quoi la marquise se fit présenter au parloir les religieuses qu'elle n'avait point encore vues.

Toutes furent admises à saluer Madame,

c'est ainsi qu'on appelait cette reine; la marquise savait dire un mot agréable à chaque agréable figure sans éveiller dans ces cerveaux fragiles l'orgueil qui conseille si mal dans la solitude, car il conseille d'abord l'ennui.

Avec la liste des qualités ou des défauts, la supérieure disait les noms de chaque pensionnaire. Madame de Maintenon fut bien surprise lorsqu'elle s'aperçut que la liste était épuisée sans que le nom qu'elle attendait eût été prononcé.

— Voilà donc toute la communauté? dit-elle à la supérieure.

— Oui, madame, répliqua celle-ci en fermant son registre.

La marquise la regarda d'un air de surprise.

— Vous avez bien encore quelques religieuses, ajouta-t-elle, soit malades, soit en congé?

— Malades... j'en ai trois.

— Ah?... Leurs noms?

La supérieure nomma ces trois malades et ne fit aucune mention de mademoiselle de Savières.

— Et les congés, demanda la marquise de plus en plus étonnée.

— Mesdemoiselles de Verdavenne, d'Alboin, de Cérisy, de Hedderbrand.

— Rien que quatre?

— Oui, madame.

— Voilà qui est étrange, murmura la marquise, qui baissa la tête pour réfléchir, et qui trouva bientôt une idée. Le terrain était fertile.

La supérieure semblait être embarrassée. Elle n'avait pas vu sans effroi toutes ces questions de la marquise; une femme, une abbesse, peut n'avoir pas le génie d'une femme d'Etat, mais elle a une finesse à elle. Si ce n'est point une arme offensive, c'est un bouclier suffisant. La supérieure changea donc aussi respectueusement, mais aussi vite qu'elle put, cette conversation semée d'épines. Elle parla des jardins, des bâtiments, des belles sources, d'une bibliothèque curieuse, des tableaux, qui sont toujours remarquables en Flandre.

La marquise la laissa dire, puis, tout à coup :

— C'est étrange, en vérité, reprit-elle, comme si elle se fût parlé à elle-même.

Il n'y avait pas à reculer ; la supérieure fut forcée de demander à Madame ce qu'il y avait d'étrange à Saint-Ghislain.

— Je vais vous le dire, ma mère. Il m'avait été assuré par quelqu'un, mais ce quelqu'un s'est trompé, que vous aviez ici, aux Augustines, une demoiselle... son nom m'échappe... aidez-moi donc...

La supérieure rougit jusque derrière son voile blanc. La marquise la dévorait de son regard insoutenable. Elle ajouta :

— Jamais je ne trouverai ce nom, si vous ne m'aidez pas.

— C'est que... j'ignore absolument.

— Ah! vous ignorez... dit madame de Maintenon avec un si majestueux étonnement que la supérieure décontenancée ne sut pas trouver une parole. — Vous ignorez ce qu'est devenue une de vos pensionnaires... mademoiselle... ah! son nom me revient, mademoiselle Antoinette de Savières...

La supérieure chancelant et courbant la tête voulut encore protester qu'elle ignorait.

— Si je pouvais supposer que l'on me trompât, lorsqu'on me devrait répondre si naturellement, riposta la marquise, en se levant, je quitterais à l'instant cette maison...

— Madame, s'écria la supérieure en joignant les mains avec désespoir, pardonnez-moi, j'avais des ordres.

— Des ordres! de qui, madame?

— Mais...

— De qui, vous dis-je... de l'archevêque du diocèse peut-être?.. C'est bien, je lui parlerai.

— Oh non, madame, non, des ordres de M. le marquis de Louvois.

— En vérité, répliqua la marquise, M. de Louvois donne des ordres aux supérieures de maisons religieuses! — de quel droit?

— Hélas madame, je ne sais.

— Des ordres pour qu'on me cache les religieuses que je veux voir! ajouta la marquise en feignant d'être irritée.

— Ces ordres ne vous concernent pas, madame, puisque M. de Louvois ne pouvait prévoir que vous nous feriez l'honneur d'une visite.

— Alors je ne comprends plus. Pourquoi me laisser voir tout le monde, excepté cette jeune fille.

— J'ignore...

— Vous ignorez trop de choses, madame, dit sèchement la marquise, dans un poste où vous ne devez rien ignorer. Quoi, l'une de mes amies en mourant, me recommande une enfant qui d'abord était aux Filles-Bleues de Mézières, c'est bien cela, n'est-ce pas?

— Oui, madame, dit piteusement la supérieure.

— Et qui ensuite a été amenée aux Augustines de Valenciennes... vers le mois d'août de l'an dernier... Je pense ne pas me tromper.

— Non, madame.

— De Valenciennes, la communauté s'est transportée ici, rien de mieux ; mais à Valenciennes j'eusse vu mademoiselle de Savières, je crois : pourquoi me la refusez-vous ici ?

— Par suite de ce malheureux ordre, madame.

— Qui vous a été donné récemment, donc ?

— Il y a trois jours, le lendemain de l'arrivée ici.

— Par M. de Louvois ?

— Oui, madame.

— Et pourquoi?...

— Oh! madame, il y aurait bien à dire: la jeune personne est difficile à conduire.

— Vraiment? Dissipée, peut-être, folle?

— Au contraire! triste jusqu'à la mort, il faut la faire surveiller jour et nuit. Tout d'abord elle a voulu s'enfuir de la maison.

— A quel propos?

— Elle refuse de faire ses vœux.

— Vous l'y forcez donc?

— Ce n'est pas moi.

—C'est M. de Louvois, peut-être, dit la marquise avec ironie, car elle ne pouvait prêter au marquis cette idée de mettre en religion une fille qu'il voulait séduire.

— Oui, madame, c'est lui, murmura la supérieure dans l'embarras le plus douloureux; mais par grâce, madame, ne dites pas que je vous ai instruite.

— Craignez-vous M. de Louvois plus que moi? répondit la marquise; vous auriez tort. Allons, je veux enfin comprendre, et pour cela il faut que je parle à la pensionnaire. Menez-moi sur-le-champ près de cette jeune fille.

Et madame de Maintenon fit un pas pour sortir du parloir.

— Madame!... s'écria la supérieure en l'arrêtant, attendez de grâce, je vous l'amènerai.

— Non, j'aime mieux vous suivre.

— Impossible, madame.

— Comment?

— Dans l'endroit où elle est...

— Vous finirez par m'irriter, s'écria la marquise.

La supérieure tomba prosternée, les mains suppliantes.

— Madame... madame... cette pensionnaire, depuis le soir de notre sortie de Valenciennes a perdu toute raison. Elle a voulu dix fois se précipiter par les fenêtres. Ce matin le bruit du canon l'a rendue comme furieuse, et nous l'avons mise... à la pénitence.

La marquise fit un mouvement d'effroi.

— Soit, dit-elle, sévèrement, j'irai la voir, fut-ce au cachot. Passez devant, je vous suis !

La supérieure s'inclina en pleurant et s'achemina vers le jardin.

Nous avons dit que Saint-Ghislain est environné de marais et de bois. Le jardin du couvent situé hors la ville, au milieu de ces marécages boisés, offrait le plus pittoresque et le plus charmant coup-d'œil au poète, au peintre et au pêcheur. Un étang, formé du trop plein du marais, entretenait au milieu de ces beaux arbres la fraîcheur et la vie. Mais cette nature un peu sombre, un peu humide, ne devait pas charmer autant les jeunes esprits des pensionnaires.

La marquise suivit la supérieure sur les allées d'abord sablées, puis moussues et sinueuses de ce beau jardin. Elles arrivèrent à un petit bâtiment en forme de tourelle, dont les murailles disparaissaient complètement sous les houblons et les vignes vierges. A peine eût-on distingué une porte sous les impénétrables rideaux de verdure qui se balançaient devant cette tourelle, et d'où partaient à chaque mouvement de la supérieure des oiseaux effarouchés qui battaient à grands coups d'ailes ces réseaux de lianes et de feuillages.

—Vous n'êtes pas ici depuis longtemps, dit la marquise et vous avez découvert la pénitence. Je croyais les Augustines soumises à une règle plus douce.

— Madame, songez donc au malheur

qui nous menaçait si cette jeune fille se fût enfuie ou tuée !...

— Partout on peut garder une pensionnaire dans sa cellule, dans une chambre... quatre femmes suffisent je crois pour en surveiller une... Il n'est pas besoin pour cela de sombres murailles, de cachots humides, d'oubliettes... Ceci en est une véritable, madame... Voyez, vous ne réussissez pas même à ouvrir la porte... Ah ! madame, si c'est ainsi que vous voulez faire aimer le Seigneur à de pauvres filles mondaines...

Elle n'acheva pas ; la porte s'ouvrit.

— Madame, répliqua humblement la supérieure, nous ne voulions pas que l'exemple et les discours de cette pensionnaire donnassent un scandale aux autres. Savez-vous, madame qu'elle prononce des noms, qu'elle raconte des scènes profanes, et qu'elle avoue....

— Quoi....

— Qu'elle aime quelqu'un ! dit tout bas la supérieure en se signant avec effroi.

Madame de Maintenon ne prit pas la peine de cacher son méprisant sourire et la compassion que lui avait inspirée ces paroles. — Quant à la pudibonde supérieure, elle se signa encore une fois, en se demandant si la noble visiteuse n'était point en ce moment sous quelque pernicieuse influence, et s'il était possible que tant de tolérance coupable habitât sous les coiffes de la véritable Madame de Maintenon.

Lorsqu'elle eut poussé encore deux portes et descendu quelques degrés, elle ouvrit un petit volet avec une clef pour donner un peu de jour à une chambre ovale dallée, dont les murailles revêtues de ciment luisant offraient les vestiges de mauvaises peintures des plus lugubres scènes de la Passion. Alors elle demanda respectueusement à la marquise s'il lui plairait d'attendre sur un des escabeaux de chêne qui meublaient ce parloir étrange.

— Non, j'irai jusqu'au bout, répliqua Madame de Maintenon ; je veux entrer dans l'endroit même où vous avez eu l'affreux courage ou la condamnable poltronnerie d'enfermer cette pauvre fille. Est-ce un *in pace* ? ouvrez ; est-ce un sépulcre ? ouvrez encore !...

Un cri de joie doux comme celui d'une colombe avait déjà répondu à ces paroles.

et quand la supérieure éperdue eût encore tiré les verroux d'une lourde porte, qui fermait un cabinet sombre et glacé, la marquise se trouva en présence d'une jeune fille qui vint tomber à ses genoux en s'écriant :

— Soyez bénie, qui que vous soyez, pour les paroles que je viens d'entendre. Peut-être êtes-vous puissante, madame, vous, devant qui les prisons s'ouvrent ainsi. Mais assurément vous êtes bonne. Soyez bénie, au nom du Seigneur !

La marquise releva cette enfant, la prit par la main et l'emmena bien vite hors de tous ces murs, de toutes ces grilles, de tout ce froid ; elle choisit dans le jardin un banc sous le ciel découvert, au grand soleil, et, d'une voix calme, mais dont la supérieure comprit toute la menace cachée :

— Retournez au parloir, madame, dit-elle, et veuillez me laisser seule un moment ici.

La supérieure fit la révérence et partit avec des gémissements étouffés.

Cependant la marquise regardait fixement et avec un intérêt qui n'excluait pas l'appréciation, cette figure pâle et baignée de larmes, ce corps frissonnant et toute cette merveilleuse beauté que tant de douleurs n'avaient pu flétrir. Elle laissa la jeune fille sangloter et trembler, parce que, dans le rire ou dans les larmes, le caractère apparaît sans déguisement, et s'écrit sur le visage.

Antoinette eut bientôt honte de pleurer ainsi.

— Pardonnez-moi, madame, dit-elle en étreignant son cœur de ses deux mains, pour y refouler les soupirs et les pleurs, je suis faible, et je pleure de joie et de reconnaissance comme d'autres pleureraient de chagrin.

— Vous êtes Mademoiselle de Savières? demanda la marquise en pressant doucement les deux mains d'Antoinette, qui se crispaient dans les dernières convulsions de la crise.

— Oui, madame.

— On m'a dit de vous beaucoup de mal, mademoiselle, et je voudrais en penser beaucoup de bien. Parlez-moi sincèrement, devant Dieu, qui vous apparaît plus visiblement peut-être du milieu de cet azur que du fond de votre prison. Dites-moi la vérité, sans passion et sans défiance. Je vais vous montrer l'exemple de de la sincérité. J'ai quelque crédit en France ; Dieu m'a donné le pouvoir de protéger ceux qui souffrent, et de punir ceux qui outragent la religion. Le hasard m'a conduite en ce couvent, et j'y veux loger pendant quelques jours. J'ai appris qu'une religieuse était dans la pénitence pour quelque faute grave, j'ai exigé qu'on vous montrât à moi. Nous voici bien seules ; expliquez-moi votre conduite, et rappelez-vous que Dieu vous entend !

Quant à moi, on m'appelle la marquise de Maintenon.

Antoinette, avec un élan qui révélait toute son âme si énergique et si aimante:

— L'ennemie de M. de Louvois, s'écria-t-elle, oh! je suis sauvée!

Alors, sans donner le temps à la marquise de repousser cette étrange allégation, mademoiselle de Savières lui raconta sa vie, ses souffrances, ses craintes, elle ne déguisa rien, ne s'excusa de rien, et tantôt assombrie par ses souvenirs, tantôt rayonnante d'espérances, elle acheva d'émouvoir son juge si austère, en lui prouvant qu'elle disait la vérité.

— Ce n'est pas par amour que Louvois la persécute, se dit la marquise ; il y a là un mystère que j'éclaircirai.

Lorsqu'Antoinette eut déroulé le tableau lamentable de son enfance, et qu'elle en fut venue à Gérard, au lieu de rougir et de balbutier comme une pensionnaire, elle avoua sans détour cette subite amitié, née d'une rencontre, qu'elle n'hésita pas à attribuer à son bon ange, comme l'un des rares bonheurs qui lui fussent échus dans sa vie.

— Mon enfant, dit la marquise un peu blessée, il faut renoncer à l'idée que les anges se feraient vos confidents d'amour. Cette pensée n'est pas chrétienne.

— Pourquoi? demanda la jeune fille avec son irrésistible candeur. Les anges ne veulent-ils pas qu'on aime? Peut-on ne pas aimer? Offense-t-on Dieu en aimant?

La marquise ne voulut pas entamer avec cette pauvre Augustine les sublimes discussions du quiétisme et de l'amour pur. Elle se sentait entraînée malgré elle à son rôle de mère ; elle se souvenait qu'on peut aimer.

— Ma fille, dit-elle, c'est une amitié généreuse, sans doute, que vous a offerte M. de Lavernie, mais puisque vous êtes destinée à servir Dieu vous ne devez pas conserver d'affection supérieure à celle-là.

— Voilà que vous me parlez comme tout le monde, s'écria la jeune fille avec un douloureux étonnement. Quoi ! vous me connaissez, vous savez tout, et vous me conseillez le cloître?

— Ma chère enfant, je vous connais moins en ce moment que je ne croyais vous connaître tout-à-l'heure. Cet acharnement de M. de Louvois à vous cacher, je l'attribuais d'abord...

— A quoi? dit curieusement Antoinette.

La marquise se tut et aima mieux plonger son regard scrutateur dans le regard limpide de la jeune fille. Elle croyait sentir l'innocence et la pureté de cette âme. Pourquoi troubler cette ignorance sans nuage, en y jetant une révélation imprudente? Pour troubler l'eau transparente d'une source, il suffit d'un caillou qu'on y laisse tomber.

— Enfin, dit-elle une dernière fois pour essayer de se donner une solution, vous vous êtes demandé ce que M. de Louvois voulait faire de vous, et de quel droit il vous persécutait de la sorte.

— Je le lui ai demandé à lui-même.

— Qu'a-t-il répondu ?

— Que j'étais religieuse ou destinée à l'être, que ma fuite du couvent était un crime ; que lui, ministre du roi, une fois instruit de ce crime, il devait le châtier et y mettre obstacle.

— Et voilà tout ?

— Tout ; sauf les colères, les menaces, et cet abandon pire que la mort, auquel je suis condamnée.

— Mais vous avez voyagé avec lui de

Mézières à Valenciennes. Que vous a-t-il dit?

— J'étais dans un carrosse fermé; il suivait à cheval. Je frissonnais chaque fois que cette figure terrible s'encadrait dans la portière, et lui semblait redouter aussi mon regard. Oh! il sentait bien toute ma haine depuis que je l'avais vu tuer ainsi, au château de Lavernie, entre mes bras, la noble protectrice qu'un moment j'espérais d'appeler ma mère! Car la comtesse de Lavernie est morte plutôt que de me conseiller d'entrer en religion, ajouta Antoinette avec un accent de reproche si charmant et si délicat que madame de Maintenon lui reprit les mains qu'elle caressa dans les siennes en murmurant :

— Incompréhensible..., Oui, ce Louvois est plus sombre que l'enfer... — Voyons, reprit-elle tout-à-coup, contez-moi maintenant vos espérances; si vous refusez de vous consacrer à Dieu, avez-vous quelque autre recours?

— J'ai M. de Lavernie, dit fermement Antoinette.

— Mais voilà longtemps, ce me semble, que vous devez douter de son affection.

— Je n'en douterai jamais.

— Je crains de vous affliger, ma fille, mais enfin je vous dois la vérité en retour de votre confiance. Celui qui s'appuie sur les cœurs humains tombe souvent abandonné. Dieu seul est fidèle à ceux qui l'aiment.

— M. de Lavernie sera aussi fidèle que Dieu.

— Enfant! dit la marquise émue... depuis tant de jours que vous êtes séparés...

— Chaque jour j'ai tendu les bras vers lui; ma prière et mes vœux ont été le trouver chaque jour.

— Les hommes oublient!...

— Les hommes peut-être... lui, non... D'ailleurs, je sais bien qu'il ne m'a pas oubliée; l'autre soir il m'est apparu, il m'a devinée. Un cri lui est échappé; je l'ai entendu ce cri. Tenez, madame, il vibre encore dans mon cœur. Si M. de

Lavernie m'avait oubliée, il n'eût pas crié si douloureusement, et puis vous ne le connaissez pas, sans quoi vous n'auriez qu'à regarder ses yeux pour apprécier son âme. C'est un air à la fois doux et fort, un calme dans les traits, une chaleur de cœur... J'ai eu confiance en lui dès le premier regard que nous avons échangé, de même que je vous ai aimée aussitôt que je vous ai vue. Et voyez, madame, à quel point j'ai cette foi dans l'âme, cet amour dans le cœur, cette image dans les yeux, voyez comme je confonds dans cette pensée tout ce que je trouve ailleurs de noble et de bon, puisque tout-à-l'heure, en vous apercevant je me suis figuré que je le voyais, et qu'en ce moment encore, où vous me souriez, je crois le voir sourire.

— Vous êtes une charmante enfant, dit la marquise, secrètement heureuse de cette allusion à une si dangereuse ressemblance, je vous prouverai à quel point vous m'avez su intéresser; croyez-moi, ne vous enthousiasmez point. Peut-être M. de Lavernie mérite-t-il toute votre estime, toute votre confiance, mais songez combien il est loin...

— Loin!... Oh non pas, madame, s'écria la jeune fille saisissant avec une adresse merveilleuse la capitulation qu'on lui accordait. M. de Lavernie ne peut être loin, puisque l'autre soir il était à Valenciennes et que nous sommes à Saint-Ghislain. L'armée française marche sur Mons; M. de Lavernie fait partie de l'armée, et Mons est à deux lieues d'ici.

— Soit, ma fille, M. de Lavernie est avec cette armée, répliqua la marquise en songeant combien de malheurs avaient menacé depuis trois jours ces pauvres enfants. Mais un officier est bien exposé dans un siége, et toute la confiance que vous mettez en votre ami, un coup de mousquet peut l'anéantir.

A ce moment, comme pour donner raison à la marquise, une formidable explosion ébranla le ciel dans la direction de Mons.

Les deux femmes pâlirent et involontairement se pressèrent les mains.

Antoinette reprit courage la première, et ses yeux rayonnèrent.

— J'ai aussi pensé à cela, dit-elle; j'y ai pensé ce matin dès les premiers coups de canon. Je me suis dit qu'une de ces décharges que j'entendais avait peut-être coûté la vie à celui que j'aime: la folie s'est emparée de moi : j'ai tout oublié. Je voulais courir à Mons. Les religieuses n'ont arrêtée sur le balcon d'où j'allais me précipiter — c'est alors qu'elles m'ont renfermée dans cette prison où je n'entendais plus rien ; mais que m'importait le bruit du canon ou le silence? ma résolution était prise. J'eusse appris bientôt la mort de M. de Lavernie, croyez-le bien, madame, car il ne mourra pas sans me faire parvenir ses adieux, et alors...

— Alors? dit la marquise...

— Eh bien, madame, je mourrai aussi!

— Malheureuse enfant! Dieu ne le permet pas!

— Je suis orpheline, je suis abandonnée; je serai païenne si Dieu m'envoie ce malheur; je croirai que c'est lui aussi qui m'inspire le désespoir.

— Vous blasphêmez, ma fille... vous défiez le ciel!

— Oh! non. Je me défends contre l'infortune. Toute cette résignation, toute cette obéissance que vous me voyez, me sont venues depuis que j'ai eu pris ma résolution. Pendant longtemps, j'ai attendu sans murmurer, parce que M. de Lavernie ne pouvait savoir en quel endroit l'on m'avait enfermée. Je me disais toujours que Dieu révélerait à mon ami le nom de ce couvent. Que de mortelles heures j'ai passées! Enfin, je m'étais fixé une limite, je m'étais donné un mois pour attendre et souffrir. La veille du jour où ce mois expirait, j'ai vu à Valenciennes M. de Lavernie qui m'a vue aussi. Qu'on appelle cela le hasard, je l'appelle Dieu, et j'ai confiance. Eh bien! voilà trois jours que le comte Gérard a retrouvé mes traces; il doit me chercher; il doit savoir maintenant mon arrivée à Saint-Ghislain. Son service le retient peut-être;

peut-être aussi est-il blessé, peut-être est-il mort! Je me suis donné huit jours pour attendre, madame : si dans huit jours je n'ai pas de ses nouvelles, s'il n'a pas écrit ou fait écrire, ou envoyé M. Belair, vous savez... mon autre ami, ce brave jeune homme dont je vous ai parlé... qui escalade les murailles et tue les géants pour me défendre ; si, vous dis-je, les huit jours s'écoulent sans me rien apporter de nouveau, c'est que M. de Lavernie est mort ou qu'il m'a oubliée, comme vous m'en menaciez tout-à-l'heure. Dès ce moment je n'aurai plus rien à faire en ce monde, et j'en sortirai.

— Oh! vous m'épouvantez, s'écria la

marquise en se levant pour embrasser
Antoinette : vous prétendez m'aimer,
avoir confiance en moi, et vous parlez
ainsi !

— Il faut que je vous aime bien, allez,
madame, répliqua la jeune fille avec un
triste sourire. Il faut que je me fie bien
à vous, pour vous ouvrir ainsi mon
cœur !

— Mais vous ne réfléchissez pas que
les lettres ne parviennent point ici, que
les hommes n'y entrent pas, que toutes
les murailles ne sont pas comme cette
terrasse des buis dont vous me parliez

tout-à-l'heure, et que M. de Lavernie peut n'avoir plus sous la main un dévoué comme Belair. Cependant le siége continue; cet officier est occupé le jour et la nuit, il pense à vous sans pouvoir vous le faire connaître. Huit jours, dix, quinze peut-être s'écouleront ainsi... et vous commettriez le crime devant Dieu de détruire sa créature, vous feriez à votre ami ce mortel chagrin de le quitter à jamais... Que dis-je? vous lui rendriez odieux votre souvenir, car il se reprocherait une mort dont seule vous seriez coupable... Allons, allons, cela ne se fera pas. Je ne le veux point, je vous le défends. Je vous réponds de vous-même, attendez, souffrez... espérez!

— Répondez-moi de lui alors, madame, et promettez-moi que je le reverrai, répartit la jeune fille avec une voix si douce que la marquise fut plus attendrie par cette prière mondaine qu'elle ne l'eût été par une résignation passive.

— Promettez-moi de ne pas faire une démarche, de ne pas pousser un soupir d'impatience, de ne pas former un dessein quelconque sans m'avoir revue et consultée. Oh! jeune fille, promettez-moi cela d'abord, car c'est moi qui dicte des conditions aux autres et n'en subis jamais.

— Madame, chère et illustre protectrice, je me mets devant vous à deux genoux, et je vous dis les mains jointes : Veillez sur moi, sauvez-moi, laissez-moi aimer; je promets tout le reste.

La marquise appuya ses lèvres sur le front de cette enfant, puis revint à la maison avec elle, une main sur son épaule. La supérieure attendait de loin, dans les angoisses : elle faillit s'évanouir lorsqu'elle aperçut Antoinette et la marquise dans cette familiarité.

Cependant madame de Maintenon congédia la jeune fille avec un gracieux sourire, en lui disant :

— Allez, mademoiselle, reprenez votre place au milieu de ces dames, vos explications sont parfaites, et tout est oublié.

Antoinette fit une longue et respectueuse révérence, puis disparut parmi les religieuses qui s'empressaient à l'envi autour de la nouvelle favorite.

Madame de Maintenon fut brève et froide avec la supérieure, déclara qu'elle prenait sur elle tout ce qui concernait mademoiselle de Savières, et fit appeler Nanon pour retourner à son appartement.

Soudain un courrier se présenta devant l'abbaye avec grand bruit et bien escorté; il apportait à madame de Maintenon une lettre du roi ainsi conçue :

« Madame, le moulin d'Hion a été brillamment enlevé par les grenadiers et les chevaux-légers. Ces derniers surtout n'ont pas perdu un seul homme. C'est notre première affaire sérieuse. C'est une victoire. Ne la fêterez-vous point avec nous?

« Louis. »

— Certes, oui! répliqua tout bas la marquise, qui rougit de plaisir et baisa la lettre.

— Rafraîchissez-vous, courrier, et attendez un moment, vous allez rendre au roi ma réponse.

Puis se tournant vers le groupe de

religieuses, où son œil chercha Antoinette :

—Pauvre enfant, se dit-elle, tu vas voir si je tiens ma promesse !

IV

QUI RAPPROCHE LES DISTANCES.

Quelques moments après cette affaire du moulin d'Hion dont le roi parlait à la marquise dans sa lettre, les chevau-légers qui avaient combattu pour soutenir les grenadiers rentraient au camp, harassés, poudreux, rapportant leurs blessés et recevant sur leur route les compliments du roi qui s'était placé avec sa cour au bord du sentier que suivaient les troupes.

Gérard aperçut à quelques toises du gros des courtisans une petite figure noire qui s'agitait beaucoup pour se faire remarquer. C'était Jaspin tout haletant, Jaspin qui pendant le combat n'avait cessé de prier, de courir jusqu'aux premières gardes pour voir revenir les blessés, et demander des nouvelles de son cher élève.

Lorsqu'il vit Gérard aussi frais et aussi calme qu'à l'ordinaire, il poussa un cri de joie et vint se précipiter sur son cheval qu'il caressa et baisa mille fois avec des transports d'enfant.

Gérard se baissa pour embrasser le digne homme, puis, arrivé au quartier, surveilla la rentrée de son détachement, rendit compte au lieutenant-général, et revint sous sa tente où l'attendaient Rubantel et bon nombre d'amis parmi lesquels nous serions bien ingrat de ne pas nommer le chien Amour.

Les embrassades terminées, le vin bu,

chacun retourna chez soi. La nuit venait, le ciel était rouge des bombes qui planaient sur la ville assiégée. Gérard demeura seul avec Jaspin, se fit désarmer et s'étendit, brisé de fatigue, sur son lit de camp, ayant l'abbé à son chevet.

— La terrible chose que la guerre, quand on y va? dit Jaspin; mais la belle chose quand on en est revenu.

— N'est-ce pas, cher abbé? répondit Gérard avec tristesse.

— Quoi! s'écria l'abbé, vous venez de

vous couvrir de gloire, le roi vous a complimenté, vous êtes plus vivant qu'il y a deux heures, et vous n'êtes pas content !... Mais, à propos, faites-vous déshabiller par votre valet de chambre, monsieur le comte, j'ai lu dans des livres de guerre, que souvent un cavalier se trouve blessé sans l'avoir senti, et qu'en ôtant ses armes et son justaucorps, il trouve quantité de balles ou du sang.

—Cher abbé, merci ; quand un cavalier qui combat autre part que dans les livres a reçu quelque bonne blessure, s'il ne la sent pas sur-le-champ, ce qui arrive quelquefois, je vous prie de croire qu'il s'en aperçoit au bout d'une heure. Je suis sain et sauf... de corps, mais non d'esprit, et je tiens à éloigner mon valet de chambre pour causer avec vous sérieusement.

— Ah ! dit l'abbé inquiet de ce préambule.

— Mon ami, continua Gérard en s'approchant de Jaspin, vous avez bien un peu songé tout-à-l'heure que je pouvais être tué, n'est-ce pas ?

— Trop !...

— Si cela fût arrivé, que faisiez-vous pour mademoiselle de Savières ?

— Mais...

—Vous ne supposez pas que je l'aie oubliée? dit Gérard. Tant de choses se sont passées depuis trois jours, que je ne comprends pas comment les vingt-quatre heures de chaque journée y ont suffi.
— Mais voilà que je respire ! Mon détachement a donné aujourd'hui, il se reposera forcément demain, et je

compte sur vous pour m'aider à employer demain comme je le désire.

— Voyons, mon cher comte, parlez.

—On avait dit que les Augustines chassées de Valenciennes allaient à Quievrain ; je m'en suis informé à des paysans qui approvisionnent le camp ; il est faux que les Augustines se soient établies à Quievrain. Vous vous informerez, s'il vous plaît, du lieu qu'elles ont choisi pour retraite. Il est naturel qu'un homme d'église s'intéresse au sort des religieuses.

— A la rigueur, oui, dit Jaspin ; mais êtes-vous bien sûr que vous ne vous trompez point ; est-ce bien mademoiselle de Savières que vous avez vue sur ce chariot à Valenciennes ?

— Ces choses-là ne se discutent pas, mon cher abbé ; il est certain que j'ai vu mademoiselle de Savières. Aveugle, je l'eusse vue !... Mon cœur a des yeux pour elle... Et puis la rage de Louvois prouve que mon cœur et mes yeux ne s'étaient pas trompés. Les Augustines n'ont pas dû voyager loin. Elles sont dans les environs. Vous allez me faire le plaisir de rendre une visite à madame de Maintenon ;

vous solliciterez pour moi l'honneur de lui rendre mes respects : j'ai à la remercier de ses bontés, du souvenir si généreux qu'elle avait conservé de ma pauvre mère. Pour rendre cette visite à la marquise, j'aurai facilement un congé d'un jour ; deux heures me suffiront pour remplir ce devoir ; j'aurai le reste de la journée pour chercher dans les environs l'endroit qu'ont choisi les Augustines.

— Je le ferai, répliqua Jaspin. Mais vous me promettez une chose ?

— Oh ! mon ami, des conditions ?

— Sans doute. Vous ne vous écarterez pas du camp, vous m'aurez toujours avec vous.

— Cependant, pour chercher le couvent, il faudra bien que je m'éloigne.

— Et Louvois qui vous tendra quelque piège ! et les rôdeurs ennemis ! est-ce que toute la campagne ne pétille pas de coups de mousquets ? est-ce que vous ne voyez pas une fumée à chaque touffe d'herbe, un bombardement sur chaque haie ?

— Alors, avec ces terreurs-là je laisserai mademoiselle de Savières douter de moi, se consumer dans le désespoir?

—Non pas. Je saurai moi-même découvrir le couvent où elle est. J'irai, je parlerai, je...

— Eh! mon cher Jaspin, s'écria Gérard, voilà ce que je voulais éviter. Vous n'êtes pas Belair, vous! Certaines choses sont permises à la guitare qui vont mal à la calotte. Voulez-vous que je compromette votre chapeau de cardinal: quand je dis cardinal, excusez-moi, vous visez peut-être plus haut.

— C'est bon, c'est bon, ne triomphez pas tant, dit Jaspin, pour un peu de faveur que nous avons...

— Vous appelez cela un peu de faveur ?... Ma grâce et une lieutenance aux chevau-légers obtenues en dix minutes de conversation avec la marquise ! Si vous n'êtes pas cardinal un jour, c'est que vous aurez mieux aimé être diplomate.

Jaspin prit tout-à-coup l'air sérieux.

— N'oubliez jamais, dit-il, que cette faveur dont vous me faites honneur, nous l'avons due seulement à la vieille amitié de la marquise pour votre noble mère. Je laisse Belair me railler là-dessus : certaines choses vont bien à la guitare, comme vous disiez tout-à-l'heure. Mais vous, ne raillez pas. Du reste, je suis ravi, cher enfant, de vous voir revenu à la belle humeur, dit Jaspin, en se versant à boire; mais en attendant le chapeau, comme vous dites, je me charge de faire porter de vos nouvelles à mademoiselle de Savières. Buvons et n'en parlons plus, ajouta-t-il après avoir rempli le verre de Gérard. Cependant boire sans manger est presque un pêché ; mangeons, s'il vous plaît. J'ai acheté ce matin des poulets qui ne sont pas trop maigres pour la saison ; ces gens du Hainaut élèvent assez bien la volaille.

— Ils tirent aussi très-bien le canon, reprit Gérard en montrant à Jaspiu des cadavres et des blessés qu'on rapportait à l'hôpital.

L'abbé sortit sur le seuil de la tente, fit une courte prière pour les morts et revint s'asseoir à la table que Gérard avait fait dresser et couvrir pendant ce temps-là.

Mais aux premières bouchées l'on entendit le clairon des chevau-légers qui rappelait.

— Qu'y a-t-il encore? cria Gérard.

Un cornette entra chez lui ; c'était un charmant enfant de seize ans, qui avait fait son premier coup d'épée à l'affaire du moulin, et l'avait fait en brave gentilhomme.

— Comte, dit-il, savez-vous la nouvelle?

—Ma foi non, cornette; mais vous me l'allez apprendre.

—Nous sommes mandés au quartier du roi.

— A Bethléem ?

— Dans une demi-heure.

— Et il y a un quart-d'heure de chemin, et il faut prendre la grande tenue ? L'abbé, voilà mon dîner fait.

— Non, non, *comme on sera*, nous a dit le maréchal et non pas en corps, mais par petits groupes séparés l'un de l'autre d'une vingtaine de toises : voilà qui est curieux.

— Savez-vous à quel propos ?

—Ah voilà... c'est ce que tout le monde demande, à quel propos ? Moi je crois que c'est pour nous faire tous maréchaux de France...

Et l'enfant se mit à rire en tirant sans façon un verre du plateau pour boire avec l'abbé, qui souriait à sa charmante figure.

— Eh bien ! dit Lavernie, partons.

— Comte, il faut que vous me preniez

eu croupe, continua le cornette en redoublant d'hilarité, mon plus beau cheval a été tué au moulin, et je viens d'envoyer mon gouverneur et mes laquais me chercher du vin d'Espagne à Valenciennes. Je n'ai qu'un honteux courtaud de charrette, je ferais rougir le roi de m'avoir à son service.

— Je vous donnerai un des miens, dit Gérard, choisissez, s'il vous plaît.

— Merci.

Et l'enfant sortit de la tente en bondissant comme un chevreuil.

— Je vais être forcé de dîner seul, soupira tristement l'abbé.

— Non, patientez, mon cher Jaspin. Le roi n'est jamais prolixe. Dans une heure, je serai de retour, et nous ferons un festin. J'amènerai des convives.

— Eh bien, je patienterai ! s'écria Jaspin résolûment, et il attaqua l'une des volailles avec la sage lenteur d'un homme qui veut faire durer un poulet une heure.

Tous les officiers de grenadiers et de chevau-légers avaient reçu le même ordre du roi. Rubantel en était. Il se trouva quatre-vingts gentilhommes, tous jeunes et fringants, à l'exception de quelques officiers supérieurs. Cette troupe se rendit au quartier du roi par petits groupes de cinq à six cavaliers qui, en arrivant, mettaient pied à terre, selon l'usage, aux barrières gardées par les mousquetaires de service auprès de Sa Majesté.

Mais tous ces cavaliers furent bien surpris de se voir aborder par un valet de chambre de madame de Maintenon qui distribua une carte à chacun d'eux.

Gérard en recevant la sienne y lut à la lueur des flambeaux :

« Rendez-vous à l'abbaye de Saint-Ghislain sur-le-chmp. »

Et plus bas :

« De la part de madame la marquise de Maintenon. »

Il y eut autant de cris de surprise que de cartes reçues, et sur-le-champ, selon l'invitation, toute cette jeunesse fut à cheval sans avoir pu deviner pourquoi on la convoquait à Saint-Ghislain.

— Et mon pauvre Jaspin, dit Gérard

aussi étonné que les autres, comment le prévenir? il m'attendra, il sera inquiet. Et je n'ai plus le temps de lui envoyer mon laquais!

La troupe se mit en marche, Gérard regardait autour de lui, contrarié, hésitant, lorsqu'à trente pas derrière, il vit galoper avec majesté un mulet blanc qu'il reconnut — vieux serviteur dont le siége de Mons devait être la dernière campagne.

— Eh! n'est-ce pas Blanchet qui vient là tout seul? demanda-t-il à son laquais.

— Mais, oui, monsieur. Seulement,

Blanchet n'est pas seul; il a sur le dos quelqu'un ou quelque chose de noir.

Le laquais avait raison. Blanchet rejoignit ses camarades, et l'on vit alors la figure rayonnante de Jaspin que Gérard arrêta au passage.

— Où allez-vous comme cela, cher abbé? dit-il; que vous est-il arrivé?

— Ah! c'est vous, je vous cherchais, répliqua Jaspin fort affairé. Tirez à l'écart que je vous parle. C'est de la plus grande conséquence!

Gérard obéit.

— Figurez-vous qu'en découpant le poulet pour vous attendre, je viens de recevoir une lettre qui m'appelle quelque part. Je suis donc venu vous prévenir de ne pas vous inquiéter.

— C'est singulier! j'allais vous en faire dire autant.

— Pourquoi? demanda Jaspin.

— C'est que moi aussi j'ai reçu, non pas une lettre, mais cette carte.

— Une carte! De la part de qui? s'écria l'abbé.

— De la part de madame de Maintenon.

— Donnant rendez-vous?...

— A Saint-Ghislain.

— Vous aussi!... oh! tant mieux. — Eh bien, croyez-moi, ne perdons pas une minute, séparons-nous de toute cette troupe d'indiscrets et allons au rendez-vous.

— Mais tous ces indiscrets ont reçu une carte comme nous, et vont au rendez-vous comme nous.

— Ah! répondit l'abbé un peu refroidi; quoi madame de Maintenon invite tout le monde.

— Quatre-vingts officiers.

— Je n'y comprends plus rien, fit Jaspin, mais allons toujours.

— C'est cela, allons toujours.

Une lieue et demie fut bien vite dévorée par la cavalcade. On découvrit au fond des bois de Saint-Ghislain la lumière des flambeaux que portaient les valets pour éclairer les convives à leur arrivée. Les clartés rougeâtres reflétées par l'eau des marais, ce mouvement sous les arbres, ces masses sombres de l'édifice, composaient un spectacle dont furent vivement impressionnés les premiers qui l'aperçurent. On vit aussi rôder, le long des routes adjacentes, de noirs détachements de cavaliers qui faisaient la police des lignes et veillaient à ce que les invités de madame de Maintenon ne fissent point de mauvaises rencontres.

Tout cela, joint aux illuminations soudaines de l'horizon, à l'écho des bombes majestueuses, à je ne sais quel murmure confus de vents, de feux et d'eaux dans le lointain, tout cela fit dire au cornette qui marchait entre Gérard et Jaspin :

— Est-ce que madame de Maintenon a invité aussi les quatre éléments ?

— Ce serait beaucoup d'honneur pour eux, dit Jaspin d'un ton pénétré.

Sur cette réponse on mit pied à terre.

Gérard était parti des derniers et arrivé

parmi les premiers. Il trouva sous le porche de l'abbaye quelques officiers de madame de Maintenon auxquels il montra sa carte, et suivit avec les autres l'escalier qu'on lui indiqua. Jaspin trottait à ses côtés.

En haut des marches, sur un palier tout orné de fleurs, si rares dans la mauvaise saison, — mais on sait que dans les serres de Flandres les fleurs ne manquent jamais, — on apercevait la marquise, vêtue avec sa simplicité ordinaire, mais dont la beauté resplendissait encore aux flambeaux, comme si elle n'eût point dépassé l'âge où les femmes cessent d'être belles.

Aussitôt qu'elle aperçut les premiers gentilshommes que son écuyer lui avait annoncés, elle fit un pas à leur rencontre, et d'une voix qui charma tous les cœurs, car elle était irrésistible lorsqu'elle le voulait :

— Messieurs, dit-elle, j'ai demandé au roi la permission de fêter votre premier triomphe. Je voudrais avoir le Louvre ou Versailles pour vous traiter selon vos mérites ; mais je ne suis à Saint-Ghislain qu'une simple hôtesse de ce couvent. Excusez, en faveur de l'intention, la simplicité de l'accueil, et acceptez ici mon hospitalité ; vous me la rendrez, j'espère, au château de Mons.

Un murmure de joie respectueuse accueillit ces paroles ; cette femme si belle et dont l'esprit surpassait encore la beauté eût conquis en ce moment des sauvages : qu'on juge de l'effet qu'elle produisit sur un auditoire de Français.

Gérard emporté par un sentiment dont il ne se rendait pas compte, et par un autre qui lui était bien doux, la reconnaissance, s'avança, s'inclina, avec une émotion qui gagna la marquise aussitôt qu'elle l'aperçut.

— Madame, dit-il en tremblant, si j'étais seulement comme ces messieurs, votre invité, votre hôte, je vous supplierais de m'accorder l'honneur de vous baiser la main, mais vous avez trop fait déjà pour moi, je n'ai qu'à me prosterner devant vous, c'est ainsi qu'on remercie les anges protecteurs, on n'oserait toucher leur robe de ses lèvres, on n'aurait pas la témérité d'effleurer le bout de leurs doigts.

Les yeux de la marquise devinrent si brillants et si doux, que le roi, s'il eût été là, leur eût reproché trop d'expression.

Elle ne répondit rien, son cœur était

gonflé, elle laissa ce beau gentilhomme plier le genou devant elle. Elle s'oublia en le regardant; puis tout-à-coup lui tendant sa main palpitante et tiède :

— Prenez toujours ma main, monsieur, répliqua-t-elle, vous le pouvez, hélas! les anges ne sont plus sur la terre.

Puis, comme si elle eût peur d'en avoir trop dit, elle retira sa main qu'elle offrit aux autres officiers. Seulement elle ne regardait plus ceux-là. Elle regardait Jaspin qui se cachait dans un coin pour dissimuler ses larmes.

Elle fut bientôt forcée de livrer ses deux mains à cette foule ravie. Son émotion avait fait place à une verve entraînante. Jamais autant d'esprit fin, d'engageantes délicatesses, d'élégantes saillies n'avaient fait retentir ces voûtes. Chacun eut son mot et son sourire. Beaucoup eurent les deux.

La marquise se fit raconter l'affaire du moulin par Rubantel, à qui elle témoigna beaucoup d'égards, et, pendant ce récit, elle avait obtenu de se dompter assez pour ne plus tourner les yeux vers l'angle du parloir dans lequel Gérard s'était modestement blotti avec Jaspin. Mais cet angle l'attirait. Bien qu'elle forçât les yeux de son corps à ne pas regarder, elle voyait; elle sentait les regards de Jaspin, elle craignait de sentir ceux de Gérard; que dis-je, elle craignait plus encore qu'il ne la regardât pas.

Manseau parut à la porte du parloir, en habit de cérémonies, suivi de ses sommelier, écuyer, pannetier, avec leurs valets.

— Madame est servie, dit-il à voix haute.

— Suivez-moi, messieurs, je vous prie,

dit la marquise. Je vous ai prévenus que vous n'êtes pas ici chez moi; mais il est bon que vous sachiez chez qui vous êtes. Vous êtes chez mesdames les Augustines de Valenciennes, et ce sont elles qui ont demandé la faveur de vous faire les honneurs de leur maison.

Elle ne put résister, en prononçant ces paroles, au besoin de se tourner vers l'angle interdit.

Elle vit Gérard pâlir, et serrer la main de Jaspin, en remerciant de loin, par un regard éloquent, son adorable protectrice.

— Je suis payée, pensa-t-elle.

La marquise prit la main de Rubantel et guida toute l'assemblée vers le réfectoire.

V

LE RÉFECTOIRE DES CLARISSES.

Ce réfectoire offrait un coup d'œil magique. C'était une immense salle fièrement portée sur des colonnes, qui laissaient à droite et à gauche un large pas sage. C'était des voûtes ogivales de soixante pieds, des vitraux admirables, entretenus avec cette propreté minutieuse du Hainaut.

D'une ancienne chapelle, remplacée par une plus commode, les Clarisses avaient fait leur réfectoire. Il y régnait un froid glacial en hiver; mais les Clarisses sont austères et l'avaient choisi à cause de cela. Leur supérieure prétendait qu'on doit avoir ses aises à l'église, mais qu'on se trouve toujours trop bien ailleurs. Les Augustines y gelaient depuis trois jours. Madame de Maintenon, encore moins Clarisse que les Augustines, avait eu soin de faire apporter à chaque extrémité de l'immence pièce, d'énormes braseros à la mode espagnole. On est toujours un peu Espagnol dans les Flandres. Et d'ailleurs, la marquise comptait sur les mille flambeaux ou lampes et sur la jeunesse des convives pour échauffer le réfectoire.

Cinq tables, formant une longueur de soixante-dix pieds, étaient couvertes des poissons les plus gras du vivier, de chevreuils, d'un sanglier que les troupes royales avaient tué en abattant les bois autour du quartier de S. M.; des montagnes de fruits échappés miraculeusement à l'hiver dans le fruitier du couvent, s'élevaient à côté des rochers de confitures industrieusement pétries avec des nougats et des macarons, par les savantes pâtissières de la communauté. La crême écumeuse, les gâteaux à l'anis et au cédrat, les prunes confites, les cerises cristallisées se croisaient sur cette table homérique avec les pâtés de lièvre et de jambon.

Et devant chaque convive un grand verre de cristal étincelant, et des bouteilles qui défiaient la soif. Car en ce temps, les femmes avaient le courage de ne point laisser fumer les hommes, et la faiblesse de les laisser boire.

La splendide ordonnance de ce festin provoqua tout d'abord l'admiration générale, mais ce n'est pas la table que regardait Gérard.

De chaque côté du réfectoire, sous l'espèce de contre-allée formée par les colonnes, se tenaient en longues files les religieuses et les postulantes ou les pensionnaires confondues ensemble.

Les premières vêtues de noir, avec le scapulaire blanc et le voile, et cette fameuse ceinture de cuir noir que la Vierge en montant au ciel laissa tomber, dit-on, entre les mains de saint Thomas, et que sainte Monique, la mère des Augustines, avait donnée aux religieux et aux religieuses de son ordre.

Quant aux autres, les pensionnaires, on les distinguait facilement à leurs habits moitié mondains, moitié religieux: la robe noire à la plupart et la guimpe blanche, pas de ceinture et des cheveux tombant modestement derrière l'oreille.

Ce fut là que les yeux et le cœur de Gérard volèrent à son entrée dans la salle. Il chercha le plus pâle visage, les plus doux yeux, les plus tremblantes épaules, et comme ce visage aspirait à être aperçu de lui, comme ces yeux l'espéraient et le cherchaient avidement lui-même, Gérard découvrit tout d'abord Antoinette au milieu des Augustines qui baissaient modestement leur voile devant tous ces officiers.

Cette vision l'avait captivé, enchanté, à tel point qu'il oubliait d'avancer comme les autres. Le cornette l'attira doucement en lui disant :

— Eh bien ! lieutenant, êtes-vous changé en pierre ?

Gérard fit un mouvement brusque et s'achemina précipitamment vers la table.

Quant à Jaspin, il avait fait sa révérence à Madame de Maintenon, qui lui avait donné sa main et son plus gracieux sourire, et qui se détournant, l'imprudente ! avait dit :

— Nanon, vous servirez vous-même M. l'abbé Jaspin, il sera de ma table.

Nanon frémit, Jaspin baissa pudiquement les yeux pour rendre à la vieille fille sa révérence compassée, et l'on s'assit enfin, Madame de Maintenon ayant désigné avec un tact parfait les chefs des différentes tables. Elle présidait la première dressée au centre du réfectoire.

On vit alors les religieuses et les pensionnaires se placer derrière les convives, les servir, leur donner à boire, et de toutes ces blanches mains, quelques unes tremblèrent bien un peu en effleurant par mégarde la casaque rouge brodée d'or des officiers qu'elles servaient.

Gérard s'assit en face de Madame de

Maintenon, qui avait à sa droite M. de Rubantel et M. de Villemur à sa gauche. La marquise était servie par Nanon et une vieille religieuse. Le cornette, impétueux dans ses amitiés, se plaça près de Gérard. L'enfant dévorait des yeux toutes les religieuses, Madame de Maintenon, Nanon elle-même. A seize ans, l'œil a de l'indulgence.

Gérard n'osait se retourner pour chercher son idole. Peut-être l'avait-il derrière lui, peut-être était-ce le bras d'Antoinette qui frôlait si légèrement de sa manche noire, tantôt son épaule, tantôt ses cheveux. Ce bras était jeune, il n'avait pas plus de dix-huit ans. Impossible, en voyant seulement ce bras, savoir s'il appartenait à une religieuse ou à une pensionnaire.

L'enfant se retourna, lui, en regardant effrontément. Ce qu'il vit lui parut si beau, qu'il se retourna encore, puis encore. Gérard était au suplice de ne point en faire autant; mais il redoutait les yeux de Madame de Maintenon, et se contentait d'admirer la fine et ferme main aux ongles d'oiseau polis et recourbés, qui glissait parfois sur la table et remplissait son verre en palpitant.

La marquise, voyant cette souffrance

du jeune homme, se pencha à l'oreille de Nanon, qui regarda du côté de Gérard et quitta sa maîtresse pour tourner autour de la table.

Gérard entendit derrière lui le pas de Nanon. Il entendit sa voix qui disait :

— Mademoiselle, madame désire que vous veniez près d'elle.

Et au même instant le bras charmant disparut et la main sèche de Nanon continua le service.

—Faut-il avoir du malheur, dit tout

bas le cornette à Gérard, nous avions un ange pour nous servir, on nous l'ôte... Tiens, la voilà en face.

Gérard regarda en effet devant lui. Antoinette était près de Madame de Maintenon ; sa beauté, sa joie se reflétèrent comme en un miroir sur le visage de M. de Lavernie, et la marquise d'un coup d'œil furtif put voir l'effet qu'elle avait produit. Le comte oublia la table, il oublia toute la terre ; son âme vola au devant de celle d'Antoinette ; le service de celle-ci fut bien nul : appuyée d'une main sur le fauteuil de la marquise, elle promenait distraitement le vin sans penser à remplir le verre de M. de Rubantel. Celui-ci, qui n'était point amoureux, admira beaucoup la belle servante que Madame de Maintenon lui avait donnée, mais, bon convive, il regretta plus d'une fois Nanon.

Ce mystérieux dialogue des deux amans au milieu du bruit de la foule, leurs infatigables regards, le langage passionné de leurs lèvres muettes, la pâleur et la rougeur qui envahissaient alternativement leurs joues, selon que l'immatérielle caresse de leur pensée était envoyée ou reçue ; tout ce manége immobile de l'amour fut compris bientôt du cornette et de Jaspin. Jaspin, lui, cacha son émotion sous un redoublement d'appétit qui lui permit de ne point gêner Gérard et qui occupa tous les moments et les deux mains de Mademoiselle Balbien. Quant au cornette, après avoir fait ses observations, après s'être assuré que ce n'était point avec lui mais avec son voisin Gérard que le bel ange correspondait, il imita Jaspin et n'envoya plus au comte Gérard que des monosyllabes qui ne demandaient point de réponse. Cependant M. de Rubantel eût beaucoup souffert de la soif, si Madame de Maintenon ne fût venue à son secours, par un signe fait à Manseau.

Dans leur entretien silencieux, Gérard

et Antoinette se racontèrent tout ce que l'un et l'autre avait souffert, combien ils s'étaient aimés, comme ils s'adoraient, quel ennemi terrible ils avaient eu à combattre.

Madame de Maintenon, point d'intersection de tout ce feu de regards croisés, signifiait pour eux l'espérance.

Bientôt le dessert et la douce influence des bons vins de Champagne et de Bourgogne changèrent le murmure des convives en enthousiasme. La marquise se leva, tout le monde se leva comme elle, et lorsqu'elle prit son verre pour boire à la santé du roi et à la défaite de ses ennemis, ce fut dans tout le réfectoire un éclat bruyant d'applaudissements et un cri de : Vive le roi ! qui ébranla les voûtes.

Les religieuses avaient fait leur service. Elles se rangèrent modestement autour de leur supérieure. Bientôt chacun de leurs groupes fut entouré d'un gros d'officiers qui les remerciaient et les complimentaient avec cette rare et délicate politesse qu'on trouvait alors partout dans les camps et qu'on a peine à trouver aujourd'hui dans les salons.

Les jeunes filles recevaient sans embarras et sans coquetterie les hommages dus à leur bon acceuil et à leur naissance. Chacun de ces officiers avait peut-être dans un autre couvent une sœur, une parente, qu'ils eussent été heureux de voir traiter avec autant d'égards par une autre armée. Quant à Jaspin, il était allé se ranger humblement derrière la marquise. Et Nanon le fuyait comme un charbon ardent. Gérard était à deux pas d'Antoinette, et voyait battre son cœur sous sa guimpe; il sentait la chaleur de son souffle, et plutôt que de lui dire une banalité il se taisait, plutôt que de lui dire une parole profane, il fût mort.

L'espiègle enfant guettait cette scène et voyait cet embarras; l'ardeur de la jeunesse et du vin lui montèrent au cerveau; charmant et rose comme il était, avec sa bouche fraîche dans laquelle brillait un sourire de perles, il s'approcha de Madame de Maintenon et après une révérence si longue qu'elle parut à chacun l'exorde d'un discours, il attira l'attention générale.

— Madame, dit-il, à qui témoigner notre reconnaissance? A vous, maîtresse souveraine de tout et de tous? ou bien à ces dames, nos nobles hôtesses? Il faut bien que ce soit à toutes deux. Je lis dans les yeux de tous mes camarades leur désir, qu'ils n'osent déclarer. Ils sont plus graves, plus réservés que moi; mais j'ai plus de franchise et d'audace. Or, cela me vient du succès de mes premières armes que j'ai faites aujourd'hui et dont vous m'accordez une si glorieuse récompense. Tout à l'heure, madame, à votre arrivée, l'exemple de M. de Lavernie nous a enhardis à vous baiser la main. Mais maintenant, le festin charmant que ces dames ont bien voulu nous offrir, leur bienveillance et vos bonnes grâces m'enhardissent à vous prier de nous accorder encore une faveur. La noblesse de France est exigeante en campagne; permettez-nous de saluer d'un baiser

respectueux ces dames qui nous rappellent
à tous une sœur ou une amie, leurs amis
et leurs frères le rendront j'espère à nos
sœurs.

Il y eut un grand mouvement après
ces paroles ; les officiers se mirent à rire
et à battre des mains ; tous les fronts
rougirent sous les voiles, mais les yeux
étincelèrent. Quant à Madame de Maintenon, qui avait écouté patiemment, personne n'était sûr, pas même l'orateur,
qu'elle prit la demande en bonne part.

Mais le charme de la jeunesse et de la

beauté n'est-il pas irrésistible. La marquise un moment immobile, regarda le solliciteur qui, demi courbé pour sa révérence, fixait sur elle des yeux pétillants de malice et de loyauté, en attendant qu'elle se prononçât.

Elle secoua doucement la tête et d'un geste de sa belle main :

— Adressez-vous à Madame la supérieure, répliqua-t-elle, car je vous l'ai dit, je n'ai d'autres droits ici que ceux de l'hospitalité qu'on me donne, madame l'abbesse sait qu'elle est sollicitée par la plus pure et la plus brave noblesse de France, galamment représentée — fléchissez-la : tout ce que je peux faire, c'est de me joindre à vous pour la supplier en votre faveur.

Le cornette fléchit le genou pour remercier la marquise de ces bonnes paroles, puis d'un bond, il se trouva en présence de la supérieure, un peu interdite, il faut l'avouer, de cette furie française.

— Vous avez entendu, madame, dit-il en déployant toutes les séductions de son sourire.

— Je croirais offenser mes dames, répondit l'abbesse; je manquerais même à la politesse si je refusais ce qu'on me demande avec tant de civilité. L'honneur que nous font ces victorieux rendra les autres communautés jalouses.

En disant ces mots, elle fit sa plus belle révérence, et le cornette s'approchant d'elle avec une grâce inimitable :

— Permettez que j'aie tous les honneurs de ma tentative, dit-il.

Et il déposa sur les joues sèches de la

supérieure un baiser coquet et discret que lui eût envié un héros de *Cyrus* ou de *l'Astrée*.

Les officiers saluèrent aussi chacun la dame ou la pensionnaire qu'ils avaient en face.

Gérard était en présence d'Antoinette; tout son sang reflua vers son cœur; elle le regardait avec des yeux qui eussent fait vivre une statue. Il fit un demi pas et resta cloué sur la dalle.

— Eh bien! lui dit l'espiègle à l'oreille, je me dévoue et vous reculez!...

Gérard et Antoinette s'approchèrent, leurs mains se joignirent, les lèvres brûlantes touchèrent la joue enflammée. Antoinette s'alla jeter dans le tourbillon des religieuses et tomba mourante sur un banc derrière une colonne ; Gérard resta ivre étourdi, sans rien entendre et sans rien voir.

Un grand bruit le réveilla. Il était temps.

— Le roi ! cria le capitaine des gardes à l'entrée du réfectoire.

Chacun se rangea ainsi qu'à la parade, les religieuses comme les officiers.

Le roi parut au seuil, botté, le chapeau sur la tête, la canne à la main, à sa droite Philippe d'Orléans, son frère, derrière lui le duc de Chartres et le duc du Maine. Derrière les princes, toute la cour.

Le roi aimait l'éclat et les spectacles; il s'arrêta ravi de voir briller tant de lumières, de fleurs et de jeunes visages. Madame de Maintenon traversa seule, pour aller au-devant de lui, la longue allée vide que formait la double haie des officiers et des Augustines.

Dès qu'il l'aperçut, le roi ôta son chapeau et fit un pas à sa rencontre; le salut qu'il lui adressa, la révérence qu'elle lui rendit, eussent appris la politesse à bien des professeurs de menuet.

— Madame! s'écria le roi, vous faites donc des prodiges?

— J'ai voulu me mettre à la hauteur de ces messieurs, répliqua la marquise, en désignant les officiers.

Le roi fit alors le tour du réfectoire, tandis que Monsieur entretenait poliment la supérieure et la marquise. Le duc de Chartres, jeune et belle figure, portrait vivant d'Henri IV à vingt ans, semait les compliments et les œillades le long de cette haie de belles religieuses. Par les portes ouvertes entrait le vent de la nuit qui faisait flotter la flamme des bougies; on entendait par instant les raffales du canon et le hennissement des chevaux de l'escorte.

— Je ne vois pas Louvois, dit le roi; pourquoi n'est-il point avec nous?

Un malin sourire effleura les lèvres de

la marquise, qui, malgré sa conversation avec Monsieur, avait saisi au vol la question du roi.

— Sire, répliqua M. le duc de Chartres, M. de Louvois était parti avec M. de Vauban pour les tranchées. Depuis quatre heures on ne l'a pas revu. Il ne peut avoir reçu, comme tous ces messieurs, sa carte d'invitation à Saint-Ghislain.

— Il est de fer, ajouta le roi qui reprit sa promenade et accepta un verre des liqueurs que les Augustines lui offrirent avec des biscuits; puis il complimenta gracieusement M. de Rubantel sur le succès des chevau-légers et passa tout près de Gérard qu'il regarda beaucoup.

La marquise venait de prendre congé de Monsieur, elle était libre ; elle fit signe au duc du Maine de s'approcher avec elle pour présenter au roi le nouveau lieutenant. C'était une occasion excellente.

Mais tout à coup on entendit un bruit d'armes et de chevaux au dehors, et M. de Louvois apparut en haut de l'escalier, l'œil mauvais, la respiration bruyante, selon son habitude.

— Le roi, disait-il, où est le roi?

Louis se retourna au son de cette voix. Le regard perçant du ministre l'avait déjà vu près de parler à Gérard, il avait vu le geste de la marquise qui allait présenter son protégé, il devinait les favorables dispositions du duc du Maine. Rien ne lui échappa, pas même la pâleur et l'épouvante d'Antoinette près de laquelle il passa pour arriver jusqu'au roi, pas même l'embarras de la supérieure à laquelle il lança un foudroyant regard. Tous ses plans, tous ses mystères, la marquise les avait éventés.

— Qu'y a-t-il, Louvois, demanda Louis XIV, vous voilà bien empressé?

— Il y a, sire, que tandis qu'on se réjouit ici, la garnison de Mons a fait une sortie et comblé cent toises de tranchée. — Ces messieurs ont bien dîné, à ce que je vois, ajouta-t-il d'un ton bourru, mais, ce n'est point à la fourchette qu'on prend des villes. Allons, messieurs, à cheval!

— Il a raison, dit le roi avec un sang-froid plein de tact et de courtoisie, à cheval! messieurs. Ces dames voudront bien recevoir nos excuses...

Louvois grommela quelques mots qu'on n'entendit pas; les adieux se firent partout en un clin d'œil. A peine Gérard eut-il le temps de se retourner vers Antoinette, et les officiers s'envolèrent. Le roi et les princes montèrent à cheval.

Louvois sortit le dernier, bien assuré qu'il ne restait plus personne, et ce n'est pas une plume comme la nôtre qui essaierait d'analyser toute la haine, toute la fureur, toutes les menaces qu'il sut jeter à madame de Maintenon dans ce seul mot :

— Adieu, madame.

Non plus que le triomphe et le dédain avec lesquels elle lui répondit :

— Adieu, monsieur !

VI

LES PARTISANS.

Les cavaliers rentrèrent au camp d'une vîtesse qui eût bien donné à penser aux ennemis.

Gérard, livré à ses rêves de bonheur

laissait voler son cheval sur la route, côte à côte avec celui de Rubantel. Le cornette croyant qu'on allait se battre encore, chantait entre ses dents une belliqueuse chanson. Jaspin obligé de ménager Blanchet dont l'allure n'était plus en rapport avec la circonstance, revenait trottinant avec le laquais et deux hommes d'escorte.

Il s'abritait d'ailleurs derrière la maison du roi qui revenait aussi, mais avec la sage lenteur qui convient à la majesté royale.

Louvois galopant avec ses aides-de-camp, dépassa l'arrière-garde et cherchant, comme le lion, quelque chose à dévorer, rencontra pour son malheur M. de Rubantel qui faisait rajuster par son laquais une sangle dont la boucle venait de sauter.

Il faisait sombre; la nuit, tout général ressemble beaucoup à un simple officier. Louvois apercevant ce cavalier arrêté qui dialoguait avec d'autres ne put s'empêcher en passant de crier :

— Holà !... le traînard ! en route donc!

Rubantel n'était point endurant. L'accident arrivé à sa selle l'avait mis de mauvaise humeur, il ne reconnut pas Louvois ou feignit de ne pas le reconnaître, et d'une voix rude répondit à l'apostrophe :

— Voilà un plaisant drôle!

Louvois entendit. Le mot était dur. L'oreille du ministre était sensible. Il arrêta son cheval sur les jarrets et ses aides-de-camp s'arrêtèrent comme lui.

— Quel est l'insolent qui a parlé, demanda-t-il en ramenant son cheval du côté de Rubantel.

— C'est moi Rubantel, et il n'y a ici d'insolent que vous.

Il n'avait pas fini de parler qu'il vit à deux pas de lui la figure menaçante de Louvois, qui croyait suffisant de se montrer sans parler.

— Ah! c'est M. de Louvois, continua Rubantel sans trop d'émotion.

— Je suppose que vous ne m'aviez pas

reconnu, dit Louvois les dents serrées, car vous avez dit... drôle...

— Pas plus que vous ne m'avez reconnu moi-même, monsieur le marquis... car vous m'avez dit : traînard et insolent !

— Allons, allons, c'est bon, interrompit le ministre d'un ton de dogue, prenons que nous n'avons rien dit.

— Il eût mieux valu... grommela Rubantel en se remettant à cheval.

— Plaît-il ? demanda Louvois.

— Mettons que nous n'avons rien dit, répliqua la mauvaise tête.

Et ils partirent côte à côte. Mais cette peur qu'ils s'étaient inspiré l'un à l'autre ne devait pas durer longtemps.

— Est-il possible, dit Louvois, tout en galopant, que des gens raisonnables, des officiers, s'aillent amuser à des confitures et à des oublies !

Rubantel poussa un grognement de mauvaise augure, mais il se contint.

— Tout cela pendant qu'on leur tue leurs soldats, continua Louvois, encouragé par ce silence ou emporté par l'acreté de sa bile.

Et il piqua de plus belle.

— Ah ça! monsieur, cria Rubantel, piquant après lui, pour qui donc dites-vous cela, je vous prie?

— Pour ceux qui ont fait ce que je dis, répliqua le bourru.

— Eh bien! je l'ai fait, moi, dit Rubantel.

— Eh bien ! alors, c'est pour vous que je le dis, riposta Louvois.

— Monsieur, partout où le roi me commande d'aller, je vais, et me crois très-honoré d'aller, entendez-vous.

— Aux confitures, dit Louvois.

— Monsieur, l'insulte est pour le roi, continua Rubantel, et si vous vous croyez assez puissant pour insulter Sa Majesté, adressez-vous à elle. Quant à moi, si faible que je sois, je vous déclare que je ne veux pas souffrir vos outrages. Nous ne sommes pas ici en service, et je crois m'expliquer net sur vos procédés.

Louvois, appliqua une main sur son front et ôta son chapeau pour rafraîchir sa tête troublée par la colère. Mais comme il n'y avait pas moyen de répondre sans faire de bruit et qu'on entendait arriver le roi :

— Encore une fois, c'est bien! dit-il, et il quitta Rubantel qui élevait assez la voix pour que le roi en passant pût demander la cause de la querelle.

Mais Gérard le supplia de n'en rien faire et de passer outre, d'autant plus qu'on entendait sur la droite de Mons une vive mousqueterie.

Louvois y poussa son cheval en homme qui ne s'épargnait pas.

On aperçut alors M. de Vauban sur une petite éminence. Il était courbé derrière un gabion, ayant près de lui un dessinateur et un sapeur qui tenait sa lunette. Il considérait avec l'attention la plus vive ce combat d'avant-poste auquel il semblait ne rien comprendre.

Louvois s'arrêta près de lui, puis le roi, qui voulut monter à pied jusqu'auprès de Vauban, malgré les prières qui lui furent faites de rester à couvert :

— Que se passe-t-il donc, Vauban, dit-il, et pourquoi ce feu, là où il n'y a pas d'ennemis?

— Voilà précisément, sire, ce que je me demande, répliqua le grand homme, en venant saluer le roi, sans s'apercevoir qu'il dépassait le gabion de toute la tête.

— C'est une seconde sortie, pardieu! dit Louvois.

— Non, répartit Vauban, ce n'est pas une sortie qu'on aurait poussée si loin dans la campagne et d'ailleurs nous en aurions des nouvelles. Prenez garde, sire, les flambeaux qu'on tient là-bas près de vos chevaux attirent l'attention de la ville et l'on va tirer. Baissez-vous, sire!...

Et le grand homme, saisissant vivement le roi par le bras, lui fit courber la tête. Il était temps : on entendit un souffle ou plutôt un grondement strident; le roi porta sa main à son oreille, Louvois de même, et les autres officiers comme eux. Un boulet venait de tomber au milieu des équipages royaux et d'emporter un pauvre animal qui poussa un lugubre cri.

Plusieurs officiers coururent s'informer de l'accident.

— Votre Majesté a le tintoin, dit Vauban, c'est fort désagréable — voilà ce que c'est que de se trouver dans le vent du boulet. J'espère qu'on va éteindre toutes ces lumières si l'on ne veut pas que nous y passions tous.

— Ce serait inutile en ce moment, dit le roi avec enjouement, il me suffit d'avoir perdu un cheval.

— Ce n'est pas un de vos chevaux, sire, dit Louvois, j'ai vu comme des oreilles de mulet.

— A qui le mulet? demanda le roi.

— A M. de Lavernie, dont le boulet a failli en même temps tuer l'aumônier, répliqua M. de Rubantel. Le digne homme venait à peine de mettre pied à terre.

— Lavernie, dit le roi, n'est-ce pas un chevau-léger?

— Un protégé de madame de Maintenon, s'écria amèrement Louvois, un des héros de la collation de Saint-Ghislain.

— Et vous dites, Vauban, interrompit vivement le roi, que vous ne croyez pas que tout ce feu provienne d'une sortie?

— Non, sire.

— J'ai envoyé savoir, dit Louvois.

— Oh! sans avoir besoin d'envoyer à

la découverte, je vais vous dire ce que c'est, ajouta M. de Vauban. Tout le jour, j'ai vu rôder des petits détachements de quatre, cinq et quelquefois dix hommes, dans l'intervalle de nos lignes, à l'extrême frontière. Vous vous rappelez que je vous les ai signalés, monsieur?

— Des paysans, dit Louvois.

— Non pas, des partisans.

— Mais monsieur, interrompit Louvois, et nos batteurs d'estrade? Auraient-ils laissé passer ces partisans?

— Je n'en sais rien, mais je réponds de ce que j'ai dit, monsieur, répartit Vauban. Au surplus, ce ne sont pas mes affaires. Moi, j'ai à diriger l'artillerie et les travaux; à M. de Luxembourg et à M. de Boufflers l'observation et la tenue de la campagne.

— Cependant, Vauban, vous avez une idée, il faut la dire, répliqua le roi.

— Ecartez-vous d'abord, sire, j'ai vu du feu sur le bastion, on va tirer.

Une volée de canon passa et laboura la

terre aux environs. Au même moment
revint l'aide-de-camp envoyé par Louvois. Il annonçait qu'un corps de quatre
cents hommes environ, s'était embusqué
dans les marais sans qu'on sût d'où il
était venu, ni comment il s'était formé;
que d'abord on l'avait pris pour un corps
de l'armée française; que M. de Luxembourg n'avait pu le charger, ne connaissant point le marais — que le feu de ces
partisans balayait tout un chemin par où
devait passer le convoi de vivres, que
M. de Boufflers n'avait pas d'ordres et en
demandait — qu'enfin ces invisibles et
inconnus ennemis faisaient grand mal
aux rondes et en avaient déjà détruit
deux depuis l'ouverture de leur feu.

— Vauban avait raison, dit le roi, il faut voir à cela.

Louvois rougit et s'éloigna rapidement sans dire un mot. Un instant après, on entendit commander un mouvement aux cavaliers, et le bruit du pas des chevaux indiqua la marche d'un détachement qui disparut dans l'ombre.

— Que pensez-vous de ces partisans? demanda le roi à Vauban après le départ de Louvois.

— Je m'étonnais, répliqua Vauban, que

les ennemis ne se fussent pas encore occupés de secourir Mons, et je vois qu'ils y songent. Ces partisans sont les éclaireurs d'une armée qui se forme quelque part. M. le prince d'Orange se remuera, croyez-le bien, sire. Mais, comme j'avais l'honneur de le dire à Votre Majesté, cela regarde les commandants des lignes qui font le blocus.

Louvois arriva tout juste pour entendre ces dernières paroles.

— Que M. le prince d'Orange se remue, dit-il, nous avons assez de balles pour lui et assez de boulets pour Mons. Ne vous préoccupez point de cela, sire; M. le prince d'Orange ne remuera pas; mais que Votre Majesté veuille prier M. de Vauban de se remuer le plus possible : les travaux ne marchent pas.

Vauban leva la tête que, dans une distraction visible, il tenait baissée depuis un moment comme Archimède.

— Comment, dit-il, les travaux ne marchent pas?

— Non, s'écria Louvois. Je n'accuse

personne; mais enfin la tranchée décrit une telle ellipse que nous n'avançons pas depuis deux jours, et que nous dépensons beaucoup d'argent.

— Qu'eussiez-vous désiré? demanda tranquillement Vauban.

— La mise en œuvre de l'axiome : le plus court chemin d'un point à un autre est la ligne droite. Votre Majesté comprend que si la tranchée n'avait qu'une demi-lieue, elle nous conduirait plus vite aux ouvrages de l'ennemi qu'une tranchée d'une lieue au moins comme la nôtre.

— Oui, monsieur, dit Vauban ; mais j'aurais déjà fait tuer deux cents hommes !

— C'est possible, monsieur, répliqua Louvois ; mais vous eussiez pris Mons deux jours plus tôt, et l'Europe nous compte les heures !

— Je ferai ce que que m'ordonnera S. M., dit l'ingénieur avec un sang-froid plein de politesse ; la vie des hommes de son royaume lui appartient. Le roi à charge d'âmes. Moi qui suis un soldat et un chrétien, je m'applique à prodiguer les coups de pioche et à économiser les coups de canon. Je tâche de prendre Mons en remuant beaucoup de terre et en ménageant beaucoup d'existences. Néanmoins, si le roi veut aller plus vite, tirons une ligne droite d'ici à la ville, ce sera fait demain ; nous battrons après-demain l'ouvrage, et cela coûtera à S. M. dix mille écus de moins et dix-huit cents hommes de plus, voilà le compte.

— Allez comme vous l'entendrez, Vauban ; vous en savez plus long que nous sur bien des choses, dit le roi, sans paraître remarquer la grimace de Louvois, et faites-nous tirer tantôt les belles bombes que vous m'avez promises.

L'ingénieur se remit à l'œuvre.

Toutefois, pour consoler son ministre :

— Qu'avez-vous fait, dit Louis XIV, de ces partisans qui tiraillent ainsi ?

— Sire, je les fais observer par un poste, et à l'abri de ce poste notre convoi et nos rondes passeront.

Vauban leva vers l'horizon son regard intelligent comme pour apercevoir la mamanœuvre dont le ministre venait de parler ; tandis que le roi et Louvois redescendaient en causant, Vauban ayant vu au loin marcher les hommes envoyés par Louvois :

— Encore des gens sacrifiés, se dit-il, et pourquoi faire ? il était si facile de laisser tous ces tirailleurs ennemis tirer sur le vide. Au lieu d'envoyer là des cibles humaines, j'eusse retiré celles qui y étaient déjà. Hélas !... mais cela ne me regarde point, ajouta Vauban en soupirant, c'est l'affaire des officiers de la campagne ; allons faire charger mes mortiers et rougir mes boulets.

Le roi, qui avait un faible pour Louvois

et craignait de toujours lui rompre en visière, ne voulut rien discuter au sujet de ce poste ainsi placé. Il redescendit l'éminence avec Louvois, qui prit congé en disant :

— Sire, je demanderai maintenant à V. M. la permission d'aller déjeûner dans mon quartier.

— Déjeûner, à neuf heures du soir !

—Je suis à jeun, Sire, répondit simplement Louvois.

Le roi, touché, car c'était vrai, hocha

la tête, frappa sur l'épaule de Louvois amicalement et lui dit :

— Vous êtes un ours, mais un bon serviteur ; allez vous reposer.

Le ministre partit gonflé de joie. Il aimait son maître, il aimait la gloire, il aimait le travail ; or, son maître venait de le caresser, Mons serait pris, et quant à du travail, il y en avait pour dix ministres de la guerre. De plus, il venait de se procurer une revanche du festin de St-Ghislain.

— Certes, pensa-t-il, j'ai d'autres chagrins ; mais nous y pourvoirons plus tard.

En se dirigeant vers son quartier Louvois jeta un dernier regard sur cette ligne enflammée de l'horizon, où les partisans continuaient leur feu. Son aide-de-camp l'aborda.

—Eh bien ! dit Louvois, les chevau-légers que je viens de détacher ?

— Sont près d'arriver au marais, monseigneur.

— Ont-ils déjà perdu du monde ?

— Pas encore, monseigneur.

— Ah ! ils ont du bonheur ; car le chemin est bien découvert.

— Ils sont bien conduits, monseigneur ; M. de Lavernie est un excellent officier.

— Très bon, dit Louvois avec un sourire sinistre ; quelles mesures prend-il donc ?

— Comme le chemin qui conduit au

plateau que vous lui avez commandé d'occuper est à moitié défoncé par les charrois continuels, et que les ornières y ont jusqu'à quatre pieds, le lieutenant à mis les chevaux dans les ornières et les hommes derrière les chevaux, en sorte que les balles n'en ont pas encore touché un seul.

— A merveille! dit Louvois en crispant ses doigts.

— Par malheur, continua l'aide-de-camp, il va leur falloir occuper le plateau, et alors...

— Alors plus d'ornières, reprit Louvois avec ce même fugitif et effrayant sourire.

— C'est un poste dangereux, monseigneur, hasarda de dire l'aide-de-camp.

—Vous croyez, dit Louvois, comme s'il s'il eût pensé à autre chose. Voyez si mes courriers sont arrivés, monsieur.

Et il renvoya ainsi l'aide-de-camp, qui pénétra dans la tente du ministre tandis que celui-ci interrogeait impatiemment le même point de l'horizon.

Soudain les premières bombes de Vauban illuminèrent le fond du ciel, et l'on aperçut à la lueur des flammes la troupe des chevau-légers qui gravissaient le monticule exposés au feu des partisans embusqués dans le marais.

— Enfin, pensa Louvois, ils sont arrivés !

Et se dirigeant vers sa tente, où quelques officiers l'attendaient humblement pour souper :

— Ah ? madame de Maintenon, dit-il

tout bas, madame la reine anonyme, vous voulez pénétrer dans mes affaires de famille ! — Ah ! vous protégez monsieur de Lavernie, mon ennemi mortel ! — Ah ! vous le faites lieutenant de chevau-légers et vous l'envoyez à la guerre !... Eh bien ! quand on est lieutenant et quand on fait la guerre, madame, il n'est pas de protection devant les balles et les boulets. C'est à quoi vous n'avez pas pensé, sans doute, lorsque tout-à-l'heure encore vous appelliez ce damoiseau si près de mademoiselle de Savières. Oh ! leur mariage, madame la reine, ne se fera pas plus que le vôtre ne sera déclaré.

Sur ces mots prononcés avec rage,

Louvois entra dans son quartier, fit bonne mine à tous ses hôtes, et parut prendre un plaisir extrême à écouter la fusillade qui grondait dans la direction du monticule.

Quant à Vauban, il surveillait les apprêts d'un bombardement sur lequel on fondait de grandes espérances, et dont l'effet devait être aussi funeste aux ennemis qu'agréable à l'œil des courtisans de Louis XIV.

Dix heures sonnaient au quartier du roi lorsqu'on vint annoncer à ce prince que madame la marquise arrivait en carrosse.

— La marquise ! si tard ! s'écria le roi qui courut au-devant de madame de Maintenon, en la remerciant de l'aimable surprise qu'elle venait de lui faire.

— J'ai ouï parler, dit-elle, de merveilleuses pyrotechnies et d'un artifice nouveau dont M. de Vauban donne ce soir le spectacle à Votre Majesté. Et puis j'étais inquiète de ces sorties dont M. de Louvois avait parlé. Intérêt et curiosité, j'accours. Me voici.

Le fait est que la marquise, inquiète du dernier regard et du dernier adieu de Louvois, venait surveiller elle-même les effets de sa colère. Son esprit et son cœur s'étaient éveillés aux menaces de ce terrible ennemi. Elle fut un peu rassurée lorsqu'elle sut qu'il soupait dans sa tente.

Quant à demander des nouvelles de Gérard, elle ne l'eût pas osé ; seulement elle cherchait partout Jaspin.

Le roi donna la main à la marquise. Toute la cour s'assembla, et par les soins du maréchal, on prit place pour le spectacle dans un endroit parfaitement abrité du canon de la ville, et d'où l'on pouvait voir l'effet du bombardement.

Le roi se tint debout, appuyé sur sa canne, prêt à donner les explications aux dames. La marquise s'assit sur des coussins, ayant à ses côtés nombreuse compagnie. Les bombes commencèrent à jeter la mort avec leurs feux rouges et leur tonnerre retentissant.

Bientôt le ciel fut en feu; quelques points lumineux grandirent dans un des quartiers de la ville, et la flamme montant à mesure que les bombes et l'incendie couraient sur les toits des édifices, une immense clarté pareille à une aurore sanglante se répandit par toute la campagne dont on vit alors jusqu'aux plus insignifiants détails.

A côté du mugissement redoutable des bombes, on entendait le crépitement maigre, mais incessant, de la mousquetade.

La marquise demanda ce que c'était que ce petit bruit agaçant.

— Ce sont des partisans ennemis qui sont venus faire un combat avec nos avant-postes, répliqua le roi ; mais Louvois leur a envoyé quelque cavalerie qui va les mettre à la raison.

— Ah ! fit-elle en se détournant, quel corps a-t-il envoyé ?

— Je ne sais trop, dit le roi.

—Des chevau-légers, madame, répliqua un des assistans.

La marquise sentit comme un coup à son cœur.

— Commandés par ?

— Par M. de Lavernie, continua l'officier. Ce même gentilhomme qui a pris ce matin le moulin d'Hion. En voilà un heureux, deux affaires en un jour !

— Un piège ! pensa madame de Maintenon, je m'en doutais !

VI

LE PIÈGE.

Les officiers invités à la petite fête de Saint-Ghislain étaient à peine revenus et distribués dans leurs quartiers, que Louvois, à l'issue de sa conversation avec

Vauban, était venu demander un détachement.

Le bruit de la mousqueterie au loin et les menaçantes paroles de Louvois à l'abbaye avaient fait croire à une sérieuse attaque de l'ennemi; or, chacun dans l'armée guettait l'occasion de se distinguer sous les yeux du roi. C'est ce désir qui explique comment Louvois avait trouvé réunis autour de lui tant d'officiers de bonne volonté lorsqu'il revint aux équipages royaux, à l'endroit où le mulet de Lavernie avait été tué d'un coup de canon.

Gérard s'occupait à rassurer Jaspin,

qui tremblait de tous ses membres. L'idée qu'il était sur le mulet une demi-minute avant l'effroyable danger qu'il avait couru, glaçait le sang du bon Jaspin, autour duquel s'empressaient quelques bonnes âmes avec force félicitations.

Rubantel, comme on l'a vu, était près du roi avec M. de Vauban. Louvois chercha dans le cercle d'officiers qui montraient à l'envi leur visage afin d'être choisis.

— Il me faut un détachement, dit-il, moitié cavalerie moitié gens de pied. Où est M. de Lavernie? je ne le vois pas.

Gérard était à dix pas. Il entendit son nom prononcé par plusieurs voix et se retourna.

Le cornette était allé le prendre par le bras et l'emmena devant Louvois qui lui dit :

— Prenez douze cavaliers, monsieur, et vingt hommes du régiment de Champagne, et allez-vous-en où je vais vous dire.

Gérard, sans mot dire, fit signe à son laquais d'aller seller ses chevaux.

— Oh! emmenez-moi, s'écria le cornette.

— Mon ami, dit Gérard, le cornette ne marche pas avec si peu de monde.

— J'irai en volontaire, dit l'enfant.

— Ménagez-vous, mon cher chevalier, vous avez fait bien des choses aujourd'hui.

— Par grâce! comte... je n'ai pas envie de dormir et j'adore le service de nuit.

— Venez donc, répondit Gérard.

Il s'approcha de Louvois, laissant le cornette embrasser Jaspin dans sa joie, et commander son équipage.

— Monsieur, dit Louvois, il y a un détachement de partisans là-bas, aux marais, à gauche des premiers postes de M. de Luxembourg. Les entendez-vous tirer... Répondez-moi, je vous prie.

— Oui, monseigneur.

— Eh bien, monsieur, ces gens vont

toute la nuit incommoder le passage des convois. On ne les a point reconnus encore. Vous les reconnaîtrez, s'il vous plaît, en vous avançant le plus loin que vous pourrez dans le marais.

— Oui, monseigneur.

— Et s'il faut que vous fassiez retraite, jusqu'à ce que je vous fasse relever, vous occuperez le petit plateau qui domine le marais et le chemin de ronde, c'est-à-dire qui est placé entre les deux, de telle sorte que le feu des partisans cesse au passage de nos convoyeurs.

— Ou qu'il tombe sur moi seul, dit Gérard avec sang-froid.

— Vous prendrez vos précautions, répliqua Louvois démonté par cette observation faite avec un calme si parfait.

Gérard s'inclina.

— Est-ce tout, monseigneur, dit-il.

— Oui, monsieur; récapitulez bien, vous marchez à ce plateau, vous vous y logez, vous attendez que je vous fasse relever.

— Fort bien, monseigneur.

— Et vous rendez ainsi un grand service, acheva Louvois pour être entendu de quelques curieux qui commençaient à les entourer.

Gérard ne répliqua point. Louvois le salua et alla dire tout bas quelques mots à son aide-de-camp, après quoi il rentra chez lui.

Gérard assembla ses hommes et reconnut de loin la position à la lueur des premiers feux allumés par Vauban.

Gérard, s'étant approché du laquais qui lui tenait son cheval, trouva Jaspin à qui le cornette contait ses bonnes dispositions.

— Eh bien! s'écria l'abbé; vous voilà donc encore de service... on veut donc vous écraser de fatigue.

— Mais non pas, dit Gérard à voix haute, on me fait beaucoup d'honneur en comptant ainsi sur moi.

— Où allons-nous? dit le cornette déjà à cheval.

— Oui, où allez-vous? demanda Jaspin inquiet.

— Mon ami, c'est une promenade militaire, voilà tout; une ronde d'observation.

— On ne se battra pas un peu, comte?

— Non, chevalier; voilà pourquoi je vous engage fort à dormir au lieu de venir vous crotter avec nous.

— Bah! je suis à cheval, j'y reste.

— Vous avez tort, chevalier, je vous en supplie, restez.

— Mais pourquoi? demanda le cornette étonné de cette persistance, dont Jaspin s'inquiéta tout à fait.

— Parce que, répondit Gérard en prenant l'air dégagé, il n'y a aucune gloire dans cette expédition; fatigue et humidité, voilà tout. C'est bien pour cela que M. de Louvois m'a choisi, ajouta-t-il pour dérouter entièrement Jaspin.

— Certes! dit celui-ci, tombant dans le panneau.

— Comte, repartit l'enfant obstiné, allons toujours, et s'il ne s'agit que de s'ennuyer, vous me trouverez de si belle humeur que vous vous ennuirez moins. Allons!

Gérard baissa la tête; plus d'insistance eût dévoilé l'état de son âme. Le détachement était prêt, les fantassins alignés. Gérard se fit voir à eux. Ces braves gens, sachant qu'ils seraient commandés par l'officier qui avait emporté le moulin d'Hion, se montraient pleins de joie, bien qu'on les eût réveillés pour cette corvée.

Jaspin, sans rien dire, prit aussi un

cheval, et lorsque le détachement commença de marcher et que Gérard chercha son aumônier pour l'embrasser et lui faire quelques recommandations, il le trouva comme un gendarme sur un grand cheval, aux côtés du cornette.

— Ah çà! dit M. de Lavernie avec dépit, avez-vous juré de me contrarier ainsi, Jaspin? Un prêtre en expédition avec moi!... J'aurais l'air d'un homme qui pense à sa dernière heure. Vous allez me donner un ridicule, mon ami. Que n'emmenons-nous aussi mon chien!...

— Mais puisque c'est une promenade, dit Jaspin.

— Promenade, promenade, est-ce qu'on sait ce qu'on rencontrera quand on marche la nuit hors des lignes! Allons, Jaspin, laissez-nous.

L'abbé redressant la tête, parce qu'il comprenait enfin la pensée de Gérard dans cet accès d'humeur inaccoutumé.
— Soit, dit-il, allez sans moi puisque ma société vous déplaît. Mais je veux me promener aussi, moi, le temps est beau; ne suis-je pas libre? passez devant, j'irai derrière.

Gérard haussa les épaules et ne dit plus un mot. Il rejoignit sa troupe. Jaspin marcha silencieusement à la queue des soldats de Champagne.

L'aide-de-camp de Louvois, d'après l'ordre de son maître, guidait la petite colonne jusqu'à la sortie des lignes. On n'était point à deux cents toises du marais qu'on perdit tout-à-coup l'abri d'un talus escarpé qui jusque là protégeait le détachement.

Gérard prit la tête de sa troupe et observa la position. Il s'aperçut qu'au sortir de ce défilé on aurait à gravir une pente nue, roide, sur laquelle pendant cent toises au moins ses soldats ne trouveraient point une touffe d'herbe pour s'abriter.

L'aide-de-camp avait ordre de l'abandonner à cet endroit pour revenir près de Louvois. Il indiqua le chemin, attendit quelques minutes pour voir comment Gérard s'en tirerait, puis il partit.

A peine la troupe avait-elle débouché du chemin couvert qu'on entendit siffler les balles.

— Eh mais ! comte, s'écria le cornette,

vous me ménagiez donc une surprise? On nous tire bel et bien, mon lieutenant.

— Ah çà, est-ce qu'on tire? dit Jaspin dont le cheval venait de souffler bruyamment en sentant les projectiles friser ses oreilles.

— Oui, l'on tire, répliqua Gérard, et votre place n'est plus ici, mon bon ami. Attendez, que je vous dise un mot. Rangez-vous et mettez-vous derrière votre cheval.

Gérard commença par ordonner à ses

cavaliers de descendre. Il mit les gens de Champagne dans des ornières si profondes qu'ils y disparaissaient presque entièrement. Puis, derrière les fantassins il plaça les chevaux, et, protégés par les chevaux, les douze cavaliers.

Alors, embrassant Jaspin :

— Mon ami, lui dit-il, je crois que M. de Louvois m'a donné une mauvaise commission. — Ne criez pas! ne gesticulez pas! soyez brave homme. — Allez-vous-en paisiblement au quartier, voyez M. de Rubantel, sans lui dire autre chose, entendez-vous bien, que ces paroles :

M. de Lavernie croit que M. de Louvois lui a donné une mauvaise commission.

— Oui, dit Jaspin tremblant de tous ses membres, car il venait d'entendre, à six pieds de lui, siffler deux balles — je dirai à M. de Rubantel, je dirai à...

— Jurez-moi que vous ne parlerez à aucun autre officier qu'à M. de Rubantel, et que vous n'ajouterez pas un mot à ma phrase; répétez-la, pour que je voie si vous la savez bien.

Jaspin, en larmoyant, le cher homme, répéta les paroles de Gérard.

—Maintenant, c'est dit; embrassez-moi encore, cher abbé; pensez à Belair s'il m'arrivait malheur, et surtout à mademoiselle de Savières. Allez! allez!

Il poussa l'abbé par les épaules jusqu'à l'abri du talus, le remit à cheval dans la route du camp et revint à sa troupe.

Les soldats et les cavaliers voyant combien il avait pris de précautions, lui dirent, d'une commune voix, de les moins ménager et de pousser en avant.

— Mes amis, répliqua Gérard, ne vous

prodiguez pas, et puisque vous désirez des balles, nous aurons tout le temps d'en recevoir. Marchez toujours ainsi que j'ai dit, et gagnez l'abri de cette masure qui couronne le plateau.

FIN DU PREMIER VOLUME.

TABLE

DES CHAPITRES DU PREMIER VOLUME

I. — Un Soleil et deux Lions............ 4
II. — La Maison du Boompjes............ 45
III. — L'Abbaye de Saint-Ghislain......... 93
IV. — Qui rapproche les distances........ 175
V. — Le Réfectoire des Clarisses......... 245
VI. — Le Piège....................... 297

Melun. — Imprimerie de DESRUES.

NOUVEAUTÉS EN LECTURE

DANS TOUS LES CABINETS LITTÉRAIRES

L'Initié, par H. DE BALZAC. 2 vol. in-8.
Laurence de Montmeylian, par MOLÉ-GENTILHOMME. 5 vol. in-8.
Le Garde-chasse, par ÉLIE BERTHET. 3 vol. in-8.
Le Beau Laurent, par PAUL DUPLESSIS, auteur des *Boucaniers* et de *Montbars l'Exterminateur*. 4 vol. in-8.
La chute de Satan, par AUGUSTE MAQUET, collaborateur d'ALEXANDRE DUMAS, auteur du *Comte de Lavernie*, etc., etc. 5 vol. in-8.
Rigobert le Rapin, par CHARLES DESLYS, auteur de *Mademoiselle Bouillabaisse*, la *Mère Rainette*, etc., etc. 3 vol. in-8.
Madame de la Chanterie, par H. DE BALZAC. 1 vol. in-8.
Le Guetteur de Cordouan, par PAUL FOUCHER. 3 vol. in-8.
La Chasse aux Cosaques, par GABRIEL FERRY, auteur du *Coureur des Bois*. 4 vol. in-8.
Le Comte de Lavernie, par AUGUSTE MAQUET, collaborateur d'ALEXANDRE DUMAS. 4 vol. in-8.
Montbars l'Exterminateur, par PAUL DUPLESSIS, auteur des *Boucaniers*. 5 vol. in-8.
Un Homme de génie, par madame la comtesse DASH. 3 vol. in-8.
Le Garçon de Banque, par ÉLIE BERTHET. 2 vol. in-8.
Les Lorettes vengées, par HENRY DE KOCK. 3 vol. in-8.
Roquevert l'Arquebusier, par MOLÉ-GENTILHOMME. 4 vol. in-8.
Mademoiselle Bouillabaisse, par CHARLES DESLYS, auteur de la *Mère Rainette*, la *Dernière Grisette*, etc., etc. 3 vol. in-8.
Le Chasseur d'Hommes, par EMMANUEL GONZALÈS. 2 vol. in-8.
L'Usurier sentimental, par G. DE LA LANDELLE. 3 vol. in-8.
L'Amour à la Campagne, par MAXIMILIEN PERRIN. 3 vol. in-8.
La Mare d'Auteuil, par CH. PAUL DE KOCK. 6 vol. in-8.
Les Boucaniers, par PAUL DUPLESSIS. 3 vol. in-8.
La Place Royale, par madame la comtesse DASH. 3 vol. in-8.
La marquise de Norville, par ÉLIE BERTHET. 3 vol. in-8.
Mademoiselle Lucifer, par X. DE MONTÉPIN. 3 vol. in-8.
Les Orphelins, par madame la comtesse DASH. 3 vol. in-8.
La Princesse Pallianci, par le baron de BAZANCOURT. 5 vol. in-8.
Les Folies de jeunesse, par MAXIMILIEN PERRIN. 3 vol. in-8.
Livia, par PAUL DE MUSSET. 3 vol. in-8.
Bébé, ou le Nain du roi de Pologne, par ROGER DE BEAUVOIR. 3 vol. in-8.
Blanche de Bourgogne, par Madame DUPIN, auteur de *Cynodie*, *Marguerite*, etc. 2 vol. in-8.

Imprimerie de GUSTAVE GRATIOT, 30, rue Mazarine.